Vorwort

Die Donau ist nicht nur ein Gewässer, das im Schwarzwald entspringt und als zweitlängster Fluss Europas nach 2857 Kilometern ins Schwarze Meer mündet. Die Donau ist Lebensader und Lebensgefühl für Millionen von Menschen seit Tausenden von Jahren. Sie ist eine Schönheit, von vielen Künstlern gemalt, von Poeten in Gedicht und Prosa beschrieben und von Komponisten in Musik umgesetzt. Manchmal ärgert sie auch die Menschen, wenn sie ganze Landstriche flutet oder andererseits ihr Wasser komplett im Boden verschwinden lässt und damit mehrere Orte aufs Trockene setzt.

Wo begegnet man mitten im Dorf Muskelprotzen im Schottenrock beim Strohballenweitwurf? Wo gibt es eine Fasnachtsmaske, durch deren Mund man mit dem Bus fahren kann, oder kennen Sie einen Bierbrauer, der seinen Kessel auf einer Tropfsteinhöhle stehen hat?

Wo stehen Krane, die 80 Meter höher sind als die Frankfurter Wolkenkratzer, wo werden Globusse genau wie vor 400 Jahren hergestellt, und wo erklingt Tango über einem Leichenverbrennungsofen?

Erleben Sie 111 spannende Orte von der Quelle der Donau bis nach Ulm, skurril und überraschend, die auch den Ortskundigen noch staunen lassen.

111 Orte

1 Die Wallfahrtskapelle

Im Einklang mit der Natur

Er war schon ein zäher Bursche, dieser Pater Notker Hiegl aus der Benediktinerabtei Beuron. An vielen Türen musste er anklopfen, bis er das Geld für seinen Lebenstraum gesammelt hatte: die Kapelle »Maria Mutter Europas« bei dem idyllisch gelegenen Örtchen Gnadenweiler. Mittlerweile ist diese kleine Kirche zu einem Besuchermagneten geworden. Die Menschen kommen zum Beten und Meditieren an einen Ort, an dem man sich wie selten woanders auch im Innern des Gebäudes mitten in der Natur fühlt. Wenn man dann noch das Glück hatte, dass Pater Notker selbst anwesend war und eine Andacht hielt oder einfach eine Führung gab, dann war das ein besonderes Erlebnis. Dieser quirlige, kleine Mönch war ein begnadeter Redner und Prediger: mutig, unkonventionell und authentisch.

Doch auch für den Freund von Kunst und Architektur lohnt sich der Weg an den entlegenen Ort. Das Kirchlein ist eines der gelungensten Werke des Künstlers Helmut Lutz aus Breisach. Ihm ist es geglückt, die ganze Kirche als künstlerische Einheit zu gestalten. So hat jedes noch so kleine Detail seine religiöse Symbolik. Augenfällig ist sofort der Glockenturm, der die Form einer zum Himmel weisenden Hand in Segensgeste hat. Das Dach wird von zwölf Balken getragen, die die zwölf Stämme Israels und die zwölf Apostel versinnbildlichen sollen. Die aus verschiedenen Zeitepochen stammende Innenausstattung ist sorgfältig ausgewählt: das überlebensgroße Kreuz, das stark beschädigt auf einem Dachboden entdeckt wurde, die barocke Madonna, der Leuchter im Beuroner Kunststil, der Altar des Bildhauers Willi Bucher aus Fridingen und der Tabernakel aus der Werkstatt des Klosters.

Mittlerweile kann Pater Notker seinen Dienst in der Gnadenweiler Kapelle aus gesundheitlichen Gründen nicht mehr versehen. An seiner Stelle wirkt jetzt ein anderer Benediktiner aus Beuron, der ebenfalls die Pilger auf das Beste betreut.

Adresse 78580 Bärenthal-Gnadenweiler | **Anfahrt** von B 311 nach Neuhausen ob Eck, weiter auf L 440 und L 277 bis Fridingen und Irndorf, danach auf K 5902 Richtung Schwenningen / Baden (nicht Schwenningen bei Villingen!), etwa auf der Mitte der Strecke Abzweigung nach Gnadenweiler mit Hinweisschild zur Kapelle | **Tipp** Einkehr im Café Kapellenblick, Gnadenweiler 4, 78580 Bärenthal, Tel. 07466 / 910547. Spezialität: Selbst gebackene Kuchen und Torten, die Fleischwaren sind vom Angusrind aus eigener Züchtung.

2 Das Haus der Natur

Anlaufstelle für Naturfreaks

Auf einer Seite zu beschreiben, was das ganze Jahr über im ehemaligen, hübsch hergerichteten Beuroner Bahnhof stattfindet, ist nicht möglich. Schon die Dauerausstellung im ganzjährig geöffneten Haus der Natur bietet dem Besucher einen umfassenden Einblick sowohl in die Tier- und Pflanzenwelt als auch in die Geologie des Donautals. Ein Diorama zeigt die Unterwasserwelt des Jurameers, das vor 150 bis 200 Millionen Jahren einen großen Teil Europas überschwemmt hatte. Auf einem Felsen tummeln sich, gut beschildert, die seltenen Tiere und Pflanzen der Region.

Während der Schulzeit finden sich Schulklassen ein, um, wie es in der Beschreibung heißt, für eine lebenswerte Zukunft zu lernen. Da holen die Schüler zum Beispiel beim Thema Gewässerökologie zuerst normales Wasser aus der Donau, um dann unter dem Mikroskop die phantastische Tierwelt eines Wassertropfens zu entdecken. Nebenbei erlernen sie, wie anhand tierischer Indikatoren die Wasserqualität untersucht und bestimmt werden kann. Andere Schulklassen untersuchen eine Schaufel Erde und staunen darüber, dass darin ein ganzer Kosmos von Leben steckt. Bewegungsfreudige Klassen begeben sich mit dem Naturpark-Ranger auf die Suche nach dem Biber, entdecken mit ihm Uhus und andere seltene Greifvögel. Mit etwas Glück können sie auf ihrer Wanderung sogar Gämsen beobachten.

Natürlich sieht sich das Haus mit dem darin ebenfalls untergebrachten Naturparkverein auch als Informant für die Erwachsenenwelt. Gleich ein ganzes Büchlein mit Angeboten zum Großthema »Natur« liegt an der Theke bereit. Von der Singvogelbestimmung über Filzen, Korbflechten, Backen und regionale Ernährung bis zur Kräuterkunde ist alles dabei.

Die hier aufgezählten Veranstaltungen sind nur ein Teil des immensen Angebots im Haus der Natur. Für einen Urlaub in enger Verbundenheit mit der Natur als Kontrastprogramm zum Alltagsstress ist Beuron die beste Empfehlung.

Adresse Haus der Natur, Wolterstraße 16 (Bahnhofsgebäude), 88631 Beuron, Tel. 07466 / 92800 | **ÖPNV** Donautalbahn Tuttlingen-Sigmaringen, Haltestelle Bahnhof Beuron | **Anfahrt** von B 311 nach Neuhausen ob Eck, weiter auf L 440 und L 277 bis Fridingen und Beuron, dort in die Abteistraße einbiegen, nach dem Hotel Pelikan links in die Wolterstraße | **Öffnungszeiten** ganzjährig Mo–Fr 9–17 Uhr, April bis Okt. Sa, So und Feiertage 13–17 Uhr | **Tipp** Das Haus der Natur ist Ausgangspunkt für spektakuläre Wander-, Rad- und Klettertouren. Besonders zu empfehlen ist eine Wanderung zur Burg Wildenstein oder zum Eichfelsen. Wanderzeit hin und zurück 3 – 4 Stunden.

3 Die Klostererzeugnisse

Heilsames aus dem Klostergarten

Als im Kloster noch 300 Mönche wohnten, hat der ausgedehnte Klostergarten kaum gereicht, um die Gemeinschaft mit Gemüse und Obst zu versorgen. Heute ist die Belegschaft auf ein Sechstel von damals geschrumpft, die Anbaufläche ist die gleiche geblieben. Was tun, fragte sich Bruder Felix, seines Zeichens Klostergärtner, und ersann neue Wege bezüglich Anbau und Vermarktung.

Jetzt kann man im Sommer vor den Klostermauern durch herrlich duftende Lavendel-, Ringelblumen- und Kamillenfelder spazieren. In den Streuobstwiesen stehen Apfel-, Birnen- und Quittenbäume, die sich noch natürlich entfalten können. Was hier geerntet wird, ist die Grundlage für die Erzeugnisse, die später im Regal des Klosterladens oder im Versandhandel zu finden sind. Das Angebot an Produkten ist recht vielseitig: Es umfasst Spirituosen, Kräutertees und Weine, Cremes und verschiedene Essigsorten.

Bei der Suche nach alten Teerezepten ist Bruder Felix in den klösterlichen Archiven fündig geworden. Er ist überzeugt: Was früher den Mönchen genützt und zu einem gesunden Schlaf verholfen hat, das hilft auch dem modernen Menschen in Form eines Kräuter- oder Schlaftees. Beinwell-, Kamille- und Ringelblumensalben ergänzen das gesundheitsbewusste Angebot. Sie sind ebenfalls nach alten Rezepten hergestellt und werden zusätzlich ständig optimiert.

An kirchlichen Hochfesten gab es hinter den Klostermauern ausgedehnte Mahlzeiten, bei denen die Verdauungsorgane der Mönche nach überstandener Fastenzeit manchmal über Gebühr strapaziert wurden. Da bediente mancher sich gerne eines Magenbitters aus eigener Herstellung, um das Wohlbefinden danach wiederherzustellen. Heutzutage steht dieses wohltuende Getränk zur Anregung der Verdauung auch dem Normalverbraucher im Klosterladen zur Verfügung. Wer einen klaren Schnaps bevorzugt, greift zum Obstbrand aus Äpfeln und Birnen, eigenhändig gebrannt von Bruder Felix.

Adresse Klosterladen Erzabtei Beuron, Abteistraße 2, 88631 Beuron | **ÖPNV** Donautalbahn Tuttlingen-Sigmaringen, Haltestelle Bahnhof Beuron | **Anfahrt** von B 311 nach Neuhausen ob Eck, weiter auf L 440 und L 277 bis Fridingen und Beuron, dort in die Abteistraße einbiegen; es gibt auf dem Parkplatz kostenpflichtige und gebührenfreie Parkmöglichkeiten | **Tipp** Die Klostermetzgerei in der Abteistraße bietet eine große Auswahl von Fleisch- und Wurstwaren aus eigener Produktion an.

4 Das Kraftwerk

Garantiert emissionsfrei

Was haben mittelalterliche Klöster und erfolgreiche Unternehmen unserer Zeit gemeinsam? Sie setzen auf innovative Produkte! Die Abteien der großen Orden waren um das Jahr 1000 federführend in der Landwirtschaft, der Architektur und der Medizin. Im Bestreben um eine umfassende Autarkie fanden sie Lösungen, die uns heute noch in Erstaunen versetzen. In dieser Tradition war es für die Beuroner Mönche selbstverständlich, bei der Einführung der Elektrizität nicht nur Lampen und Steckdosen zu installieren, sondern auch für den eigenen Strom zu sorgen. Fließendes Wasser war in Form der Donau ja vorhanden, und so bauten sie 1921 nahe ihrer Exklave St. Maurus ein für damalige Verhältnisse hochmodernes Wasserwerk, das die ganze Gemeinde mit Strom versorgen konnte.

Mehr als 80 Jahre leistete das Kraftwerk seinen Dienst, wurde immer wieder optimiert, bis 2007 eine grundlegende Erneuerung notwendig wurde. Dank großzügiger Unterstützung des Klosterfördervereins konnte man Nägel mit Köpfen machen und eine Anlage bauen, die auf dem neuesten Stand der Technik war. Dazu mussten zuerst einmal fast die ganzen Wehranlagen saniert werden. Kein leichtes Unterfangen, denn die Donau zwang die Bauarbeiter bei Hochwasser immer wieder zu unfreiwilligen Pausen. Eine weitere Herausforderung waren die Auflagen der Naturschutzbehörde. Um die Lebensräume einer geschützten Fischart nicht zu zerstören, wurde eine Fischtreppe angelegt, deren Wasserzufuhr Priorität vor dem Kraftwerk hat. Die Fledermäuse, die sich im alten Wasserwerk eingenistet hatten, konnten in ein neues, extra für sie gebautes Quartier umziehen.

Im Jahre 2009 wurde das neue Kraftwerk feierlich eingeweiht, in der Hoffnung, dass auch dieses Werk die Gemeinde Beuron wieder 80 Jahre lang mit emissionsfreiem Strom versorgt. Zur Freude der Mönche bilden die Einkünfte aus dem Kraftwerk auch noch eine finanzielle Grundlage für den Erhalt des Klosters.

Adresse 88631 Beuron | ÖPNV Donautalbahn Tuttlingen-Sigmaringen, Haltestelle Bahnhof Beuron; alternativ: An der Buslinie zwischen Beuron und Sigmaringen (SBG Bus 50) ist eine Bedarfshaltestelle an der Abzweigung zu St. Maurus eingerichtet. Von dort sind es nur 10 Gehminuten bis zum Kraftwerk. | Anfahrt von B 311 nach Neuhausen ob Eck, weiter auf L 440 und L 277 bis Fridingen und Beuron, dort in die Abteistraße einbiegen, nach dem Hotel Pelikan links in die Wolterstraße, Parkplatz beim Haus der Natur (Bahnhof). Das Wasserkraftwerk ist nur zu Fuß (circa 30 Minuten) oder mit dem Fahrrad (15 Minuten) zu erreichen. Es liegt unterhalb der Mauruskapelle am Donauradweg zwischen Beuron und Hausen im Tal. | Tipp Unbedingt die Mauruskapelle besichtigen. Sie ist eines der schönsten Beispiele Beuroner Kunst.

5 Die Krypta

Schauerlich, schön und bunt

Unter einer Krypta versteht man eine unterirdische Grabkammer, meist unter einer altehrwürdigen Kirche gelegen, oft schon um das Jahr 1000 nach Christus erbaut. Beim Betreten des von romanischen Säulen getragenen, fensterlosen Kellergewölbes umfängt den Besucher der Schauer beim Anblick steinerner Särge und in den Boden eingelassener Grabplatten. In manchen Krypten sind noch in einer Nische Schädel aufbewahrt. Einziger Schmuck zwischen den nackten Wänden ist oft ein schlichter Steinaltar.

Die Benediktinerabtei Beuron besitzt ebenfalls solch eine Gruft. Der kunstbeflissene Betrachter konstatiert auf Anhieb ein romanisches Kellergewölbe, in dessen Boden sieben Grabplatten mit den Namen der letzten verstorbenen Äbte eingelassen sind. Als ungewöhnlich wird er die farbenfrohe Bemalung des gesamten Innenraums empfinden. Bei näherer Beschäftigung mit diesem Bauwerk erfährt der Besucher, dass diese Gruft erst um 1900 gebaut wurde. Beim Bau der Gnadenkapelle, die über dem nach Nordwesten abschüssigen Hang an die Kirche angebaut wurde, entstand ein Untergeschoss, in dem diese Grabkapelle eingerichtet werden konnte. Zu dieser Zeit war die Beuroner Kunstschule auf dem Höhepunkt ihrer Blüte. Es war selbstverständlich, diesen Raum genau wie die darüberliegende Gnadenkapelle mit Beuroner Kunst auszustatten. Die malenden Mönche schufen einen Raum mit einer ganz besonderen, wohltuenden Ausstrahlung, der für Exerzitien und Gottesdienste in kleinem Rahmen genutzt werden konnte.

Im Jahre 2012 wurde die Krypta nach einer gelungenen Restaurierung wieder für Besucher geöffnet, nachdem sie viele Jahre wegen ihres schlechten Zustands nicht mehr zugänglich gewesen war. Wer beim Besuch der Krypta Gefallen am Beuroner Kunststil gefunden hat, kann sich in der Kirche, im Ort Beuron und in der nahe gelegenen Mauruskapelle einen Eindruck von dieser besonderen Kunstepoche verschaffen.

Adresse Erzabtei Beuron, Abteistraße 2, 88631 Beuron | **ÖPNV** Donautalbahn Tuttlingen-Sigmaringen, Haltestelle Bahnhof Beuron. Der Zug hält zwölfmal täglich aus beiden Richtungen. | **Anfahrt** Von B 311 nach Neuhausen ob Eck, weiter auf L 440 und L 277 bis Fridingen und Beuron, dort in die Abteistraße einbiegen. Es gibt vor der Kirche Parkplätze mit und ohne Parkgebühr. Der Zugang zur Krypta erfolgt über den Mönchsfriedhof, der sich links vom Eingang der Kirche befindet. | **Öffnungszeiten** von April–Okt. an Wochenenden und Feiertagen | **Tipp** Jeden Sonntag um 9 Uhr gestalten die Mönche den Gottesdienst mit gregorianischen Gesängen, ein musikalisches Erlebnis der besonderen Art.

6 Das Naturbad

Baden und paddeln zwischen Felsen und Burgen

Badkap, Aquasol oder TuWass heißen die Erlebnisbäder der Region, die in den letzten Jahren wie Pilze aus dem Boden geschossen sind. Sie bieten alles, was ein Badegast an Unterhaltung und Komfort von einem Spaßbad erwartet: Tunnelrutschen, Sprudelbad, Sauna, Dampfbad, Restaurant und vieles mehr. Der Spaß hat aber auch seinen Preis, obwohl die Einrichtungen von den jeweiligen Kommunen subventioniert werden.

Das Naturbad Hausen ist genau das Gegenteil: Es kostet keinen Eintritt, dafür gibt es auch keine Umkleidekabinen, keinen Bademeister, und die Wassertemperatur hängt direkt von den äußeren Temperaturen ab. Sie übersteigt selten die 20-Grad-Grenze, ist also nichts für verwöhnte Geschöpfe. Schwimmen ist in der Mitte des Flusses möglich, am Rand ist das Wasser knietief, hier tummeln sich die Kinder.

Als Entschädigung für den fehlenden Komfort bietet das Bad eine überwältigende Naturkulisse. Auf der einen Seite grüßt die Burg Werenwag vom mächtigen Felsmassiv, auf der anderen Seite geben die Hausener Zinnen dem Naturpanorama den idealen Rahmen.

Das Naturbad ist eigentlich der Ablegeplatz des Kanuverleihs Hausen im Tal. An der Rezeption des wenige Meter weiter oben liegenden Minigolfplatzes kann man das Abenteuer in Form einer Bootsfahrt buchen. Näher und intensiver ist sonst nirgends das Phänomen Donau zu erspüren. Auf einer Kanutour nach Inzigkofen oder Sigmaringen begegnet man Graureihern und Kormoranen, die gerade ihre Mahlzeit aus dem Wasser fischen. Senkrecht und turmhoch ragen Felsen direkt aus dem Wasser, hinter jeder Biegung bietet sich ein neues faszinierendes Bild. Und das Schönste ist, dass man den Rückweg flussaufwärts nicht mehr im Wasser zurücklegen muss, sondern dass Boot und Paddler per Auto zurückgebracht werden.

Adresse Minigolf Hausen im Tal, Kreenheinstetter Straße 10, 88631 Beuron-Hausen im Tal, Tel. 07579/1583 | ÖPNV Bahn IRE 3215 und Bus 50 aus Richtung Tuttlingen und Sigmaringen; Bahnhof liegt außerhalb, Bushaltestelle in Ortsmitte | Anfahrt B 313 Meßkirch-Sigmaringen, in Höhe Rohrdorf auf L 196 abbiegen, der Badeplatz liegt direkt neben der Donaubrücke | Tipp Es werden auch von anderen Anbietern Kanus verliehen und Kanutouren organisiert. Am besten unter den Stichwörtern »Kanu Donau« im Internet suchen. Der Minigolfplatz bietet richtig gutes Essen an.

7 Der Wasserfüller

Wasser marsch für ganz viel Dampf

Nur ganz selten verirren sich noch Dampflokomotiven auf die Gleise der Donautalbahn zwischen Tuttlingen und Sigmaringen. Es handelt sich dann immer um Sonderfahrten, organisiert von Eisenbahnvereinen für Liebhaber der Dampfloknostalgie. Seinem Dienst als Nachfüllbehälter für dampfbetriebene Schienenfahrzeuge ist der Wasserfüller vermutlich schon ein halbes Jahrhundert nicht mehr nachgekommen.

So steht jetzt dieses still vor sich hin rostende Denkmal als technisches Überbleibsel einer Zeit, in der Bahnfahren als die schnellste und fortschrittlichste Fortbewegungsmöglichkeit galt. Heute befahren regelmäßig Dieseltriebwagen die wildromantische Strecke, die zu Recht zu den schönsten Eisenbahnstrecken Deutschlands zählt und erfreuen Auge und Herz des Fahrgastes.

Als die Donautalbahn in den Jahren 1865 bis 1890 erbaut wurde, stellte sie die Ingenieure bei der Planung der Trasse vor große Herausforderungen. Einesteils ist das Donautal besonders zwischen Fridingen und Inzigkofen sehr eng, andererseits erzwangen die stark wechselnden Pegelstände der Donau eine hochwassersichere Streckenführung. Nur dank vier Tunnels mit einer Gesamtlänge von über einem Kilometer und vieler Brücken über die Donau konnte das Projekt verwirklicht werden. Die Kosten betrugen deshalb das Mehrfache einer normalen Bahnstrecke.

Da die Trasse damals durch württembergisches, badisches und hohenzollerisches Territorium führte, waren die Streckenplaner der damals noch sehr autonomen Staaten gezwungen, gut zusammenzuarbeiten, was ihnen in diesem Fall bestens gelang.

Vermutlich wäre die Donautalbahn in Anbetracht der hohen Baukosten nicht zustande gekommen, wäre sie nicht Teil der militärischen Strategie des Kaisers geworden. Wilhelm I. brauchte eine Bahnlinie im süddeutschen Raum, auf der er schnellstmöglich Truppen und Material im Falle eines Krieges transportieren konnte.

Adresse 88631 Beuron-Hausen im Tal | ÖPNV Bahn IRE 3125 und Bus 50 aus Richtung Tuttlingen und Sigmaringen; Bahnhof liegt außerhalb, Bushaltestelle in Ortsmitte | Anfahrt B 313 Meßkirch-Sigmaringen, in Höhe Rohrdorf auf L 196 abbiegen, nach der Donaubücke links abbiegen. Am Ortseingang von Hausen im Tal aus Richtung Beuron, 100 Meter vor dem Bahnhof steht der Wasserfüller direkt neben der Straße. | Tipp Der Campingplatz »Wagenburg« ist ein idealer Stützpunkt für einen Kletterurlaub, Adresse: Arnulf Schmidt, Kirchstraße 24, 88631 Beuron-Hausen im Tal, Tel. 07579/559.

8 Das Gumpp-Denkmal

Für das Wohl der Stadt und für das eigene Wohl

Sie war ein Stachel im Fleisch der expandierenden Grafschaft Fürstenberg, die kleine Stadt Bräunlingen, mitten im Herrschaftsgebiet und unmittelbar neben der Residenz Donaueschingen gelegen. Ihre Jahrhunderte dauernde Unabhängigkeit verdankten die Bräunlinger allerdings nur der Tatsache, dass sie Teil der mächtigen Habsburger Herrschaft waren. Und es bedurfte schon eines standhaften und streitbaren Oberschultheißen wie Johann Conrad Gumpp, der ab 1671 im Auftrag des Kaisers in Bräunlingen das Sagen hatte, um sich der ständigen Sticheleien des gierigen Nachbarn erwehren zu können.

Als wieder einmal fürstenbergische Truppen in die Bräunlinger Wälder eindringen sowie das Jagdrecht und die hohe Gerichtsbarkeit beanspruchen, wird Gumpp beim Kaiser Leopold vorstellig. Er erreicht die Entsendung des sogenannten Stadel'schen Regiments nach Bräunlingen, welches umgehend die alten Rechtsverhältnisse wiederherstellt.

Taktische Klugheit beweist der studierte Jurist allerdings auch bei der Vergrößerung seines eigenen Vermögens. Durch raffinierte juristische Winkelzüge schafft er es, am Ende seines Lebens mehr Grundbesitz als alle anderen Bräunlinger Einwohner zusammen sein Eigen zu nennen. Bürger, die gegen seine Machenschaften protestieren, werden mundtot gemacht und müssen stets klein beigeben. Gegen den gewieften Juristen von Kaisers Gnaden haben sie keine Chance.

Bräunlingen hat Johann Conrad Gumpp trotz seiner eigenwilligen Amtsführung sehr viel zu verdanken. Nicht zu Unrecht steht er auf dem Sockel des Brunnens gegenüber dem Rathaus und schaut interessiert der Arbeit der heutigen Mitarbeiter in den Amtsstuben zu. Und wenn die Zunftmusik während der Fasnet am Brunnen vorbeimarschiert, schlägt ihm das Herz höher, denn sie trägt die Uniform des Stadel'schen Regiments, das auf sein Drängen hin die Fürstenberger aus dem Stadtgebiet hinauswarf.

Adresse Kirchstraße 10, 78199 Bräunlingen | **ÖPNV** von Bahnhof Donaueschingen mit Bahn HZL 88112 zum Bahnhof Bräunlingen | **Anfahrt** Von der B 31 Tuttlingen-Freiburg Abfahrt Hüfingen, in Hüfingen Richtung Bräunlingen abbiegen. Die Straße führt direkt ins Zentrum. Parkfreundliche Innenstadt. | **Tipp** In Bräunlingen startet im Herbst immer einer der ältesten und landschaftlich schönsten Marathonläufe Deutschlands.

9 Kunst im Vorgarten

Die Seniorchefs im Doppelpack

Wenn ein Ehepaar ein Leben lang zusammen intensiv gearbeitet hat und dabei ein florierendes Hotel wie den Lindenhof in Bräunlingen entstehen ließ, darf es getrost und mit Stolz auf das Erreichte zurückblicken. Wenn dann noch die nächste Generation bereit ist, die Nachfolge in der Geschäftsleitung anzutreten, ist dies ein weiterer Glücksfall. Die Übergabe eines Betriebs an die nächste Generation ist aber nie ein Kinderspiel. Es bedarf immer großer Toleranz und vor allem gegenseitiger Wertschätzung.

Ein Beispiel besonderer Wertschätzung gegenüber den Eltern ist im Vorgarten des Hotels jederzeit sichtbar. Die Kinder des Ehepaars Dury wollten aus feierlichem Anlass den Seniorchefs eine besondere Freude bereiten. Kein leichtes Unterfangen – das weiß, wer schon mal älteren Herrschaften etwas schenken wollte, die rundum zufrieden sind und alles haben, was sie brauchen.

In Baden-Baden wurde ein Sohn der Familie Dury auf die Künstlerin Gerda Erwig aufmerksam, die Plastiken aus Beton mit einer ungewöhnlichen Ausstrahlung herstellt. Bald waren sich die Kinder einig, dass diese Künstlerin ihre Eltern plastisch porträtieren sollte.

Als das Kunstwerk 2011 enthüllt wurde, waren die Eltern außer sich vor Freude. Da saßen ihre Abbilder in Beton gegossen im Garten auf einer Bank. Vater las den Schwarzwälder Boten, Mutter hatte einen Korb Äpfel auf dem Schoß, ganz wie im alltäglichen Leben. Der Korb mit Äpfeln sollte an den vergangenen Sommer erinnern, als Mutter Dury eine große Menge Äpfel schälen musste, die dann zu Apfelmus verarbeitet wurden.

Die Skulptur wurde natürlich mit Freibier und Imbiss eingeweiht und ist seitdem eine ganz besondere Sehenswürdigkeit Bräunlingens. Oft lassen sich Gäste mit der Skulptur fotografieren. Dem Ehepaar Dury wünschen alle, dass es noch viele Jahre Freude an dem außergewöhnlichen Geschenk ihrer Kinder hat.

Adresse Hotel Restaurant Lindenhof, Familie Dury, Zähringerstraße 24, 78199 Bräunlingen, Tel. 0771/929050 | **ÖPNV** von Bahnhof Donaueschingen mit Bahn HZL 88112 zum Bahnhof Bräunlingen | **Anfahrt** Von der B 31 Tuttlingen-Freiburg Abfahrt Hüfingen, in Hüfingen Richtung Bräunlingen abbiegen. Diese Straße führt dann direkt ins Zentrum (Zähringerstraße). | **Tipp** Das Hotel Lindenhof ist nicht nur wegen der Skulptur im Vorgarten erlebenswert, sondern auch wegen seiner guten Küche sehr zu empfehlen.

10 Der Narrenbrunnen

Bruchlandung am Ende der Blaumeerstraße

Es gibt im Bereich der schwäbisch-alemannischen Fasnet fast so viele Narrenbrunnen wie Narrenvereinigungen. Üblicherweise stehen eine oder mehrere einheimische Narrenfiguren auf einem Sockel und erinnern ganzjährig an die fünfte Jahreszeit.

In Bräunlingen ragt vor dem Zunfthaus der Narren ein Kahn mit seiner Spitze steil in die Höhe, als ob er auf einer Klippe gelandet wäre. Aus dem unteren Teil des Bootes läuft Wasser, das ins Boot gedrungen war. Die Passagiere müssen das Boot fluchtartig verlassen haben, denn in dem Schiff sind eine Menge Gegenstände zurückgeblieben. Bei näherer Betrachtung erkennt man, dass dieses Strandgut in unmittelbarer Beziehung zur Bräunlinger Fasnet steht. So hat ein Hansele das Gschell, den Brotkorb, das Schwert und seine Larve zurückgelassen. Die Stadtwehr hinterließ Hellebarde, Kanone und Hut, die Hexen warfen in der Eile Maske, Besen und Strohschuhe weg. Von den Trummlern stammen die Trommel und der Helm mit den Kuhhörnern, vom Narrenrat Hut und Stock. Die Hemdglonker vergaßen ihre Laterne und die Topfdeckel, und der Hornist der Zunftmusik entledigte sich sogar seines Instruments. Welch ein Glück für die Narren, dass direkt hinter dem Schiff das Zunfthaus lag, in das sie sich in ihrer Not retten konnten.

Der Bildhauer Bernhard Wintermantel hat die spätmittelalterliche Satire vom Narrenschiff in seiner Skulptur umgesetzt. Diese Satire beschreibt die Narren als Menschen, die auf lustige Art und Weise anderen den Spiegel vorhalten, um sie auf ihre Schwächen hinzuweisen. Dies tun die Narren auch heute noch.

Blaumeerstraße heißt in Bräunlingen tatsächlich die Straße, die direkt auf den Brunnen zuführt. So richtig weiß niemand, woher dieser Name kommt. Vielleicht daher, dass ihre Häuser früher anstatt Nummern die Namen von Meerestieren hatten: Haifisch, Walfisch, Koralle, Auster und so weiter. Ganz schön närrisch, nicht wahr?

Adresse Narrenzunft Bräunlingen, Blaumeerstraße 12, 78199 Bräunlingen | ÖPNV von Bahnhof Donaueschingen mit Bahn HZL 88112 zum Bahnhof Bräunlingen | Anfahrt Von der B 31 Tuttlingen-Freiburg Abfahrt Hüfingen, in Hüfingen Richtung Bräunlingen abbiegen. Die Straße führt direkt ins Zentrum. Am westlichen Ende der Zähringerstraße biegt man links in die Blaumeerstraße. Parkfreundliche Innenstadt. | Tipp Im Haus der Narrenzunft ist eine große Kleiderkammer eingerichtet. Hier kann man sich mit der Kleidermode aus zwei Jahrtausenden eindecken. Die Kleiderkammer ist in der Lage, ganze historische Umzüge auszustaffieren.

11 Das Fischhaus

Ein Tempel für stinkende Fische

Mehr als 100 Jahre brauchten die Gartengestalter im Auftrag der Fürsten, bis aus dem Sumpf beim Zusammenfluss von Brigach und Breg einer der größten Landschaftsparks im deutschen Südwesten entstanden war. Heute vermittelt der Park dem Besucher einen Charme, den man sonst nur von englischen Anlagen her kennt. Reizvolle Überbleibsel des ehemaligen Sumpfgebiets sind die vielen Kanäle, Bäche und Weiher, die das Terrain durchziehen und auf deren Inseln sich allerlei Wasservögel tummeln. Am nordöstlichen Ende, in unmittelbarer Nachbarschaft des Parkrestaurants, entdeckt man ein leer stehendes Häuschen, das große Ähnlichkeit mit einem griechischen Tempel hat. Niemand erahnt, dass dieses Gebäude in direktem Zusammenhang mit dem ehemaligen Sumpfgebiet steht. Und doch diente es dem einzigen Zweck, Wannen zum Wässern der hier gefangenen Fische aufzunehmen. Denn die in diesen Gewässern lebenden Tiere hatten den modrigen Geruch des Sumpfwassers angenommen und waren deshalb in diesem Zustand ungenießbar.

Deshalb empfahl der damalige fürstliche Leibarzt Dr. Lehmann, die Fische ein paar Tage noch in frischem Wasser schwimmen zu lassen, um sie von ihrem unangenehmen Duft zu befreien. Ein Mittel, das übrigens heute noch angewandt wird. Danach konnten sie zubereitet werden und wurden vermutlich auch dem verwöhnten Gaumen der Adelsherrschaft gerecht.

Das Gebäude zur Unterbringung der Frischwasserwannen bekam ein standesgemäßes Aussehen. Fürst Karl Egon II., Regent des Hauses Fürstenberg in der ersten Hälfte des 19. Jahrhunderts, beauftragte den Bauingenieur Martin mit der Errichtung des Fischhauses in Form eines griechischen Tempels. Die künstlerische Gestaltung übernahm Franz Xaver Reich, der auch für das Denkmal am Zusammenfluss von Brigach und Breg und für die monumentale Quellfassung des Donaubachs beim Schloss verantwortlich zeichnet.

Adresse Schlosspark, Brigachweg 8, 78166 Donaueschingen; das Fischhaus steht in unmittelbarer Nähe des Parkrestaurants | Anfahrt von der B 33 Bad Dürrheim-Blumberg Richtung Stadtmitte, beim Kreisverkehr auf die Stadionstraße, nach der Brigachbrücke großer Parkplatz, zu Fuß rechts 100 Meter auf dem Brigachweg weiter | Tipp Das Parkrestaurant bietet gehobene Speisenauswahl in edlem Ambiente und einen herrlichen Biergarten.

12 Die Fürstenbergischen Sammlungen

Das Reiseurinal Napoleons und andere Kuriositäten

Das Urinal, in der Umgangssprache als Pissbecken bezeichnet, ist eine sanitäre Einrichtung, die in der Hauptsache von Männern benutzt und über die selten gesprochen wird. Das Design orientiert sich vor allem am praktischen Nutzen und an einer guten Reinigungsmöglichkeit.

Doch selbst solch ein banaler Alltagsgegenstand muss ein Schmuckstück sein, wenn es den ganz natürlichen Bedürfnissen eines Kaisers dienen soll. So führte Seine Majestät Kaiser Napoleon auf Reisen in seiner Kutsche einen »Pißtopf« mit, der seines Besitzers durchaus würdig war. Hergestellt wurde er um 1810 in der Porzellanmanufaktur Sèvres. Das Gefäß besitzt einen vergoldeten Blechhenkel und ist innen versilbert. Zum Transport diente ein Futteral aus Saffianleder mit Goldprägung. Allerdings durfte die kaiserliche Harnblase bei der Entleerung nicht allzu gefüllt sein, denn der wertvolle Auffangbehälter besaß kein großes Volumen.

Das Reiseurinal wurde aus dem Nachlass Napoleons vom Badischen Hof erworben und an Karl Egon II. von Fürstenberg, den Schwager des Großherzogs, weitergegeben.

Napoleons Reiseurinal ist nicht die einzige Kuriosität in den Fürstenbergischen Sammlungen. Beim Betreten der naturkundlichen Sammlungen mit ihren mehr als tausend ausgestopften Tieren und Zigtausenden Fossilien wird man von einem sehr lebensechten, aufrecht stehenden Bären begrüßt, der den Gast am liebsten in seine todbringenden Arme schließen würde. In einer Vitrine ist das konservierte Skelett eines siamesischen Zwillingspaars ausgestellt, auf einem Fensterbrett liegt das riesige versteinerte Schienbein eines Mammuts aus dem nahen Krater Höwenegg. Ein weiterer Schwerpunkt des Museums gilt der Präsentation alter und neuer Kunst, unter anderem mit Werken des hier geborenen Künstlers Anselm Kiefer.

Adresse Fürstlich Fürstenbergische Sammlungen, Am Karlsplatz 7, 78166 Donaueschingen, Tel. 0771/229677563 | Anfahrt von der B 33 Bad Dürrheim-Blumberg Richtung Stadtmitte, beim Kreisverkehr zuerst auf die Stadionstraße und dann auf der Fürstenbergstraße bis zum Schloss, gegenüber auf den Karlsplatz einbiegen, Parkplatz direkt vor dem Haus | Öffnungszeiten April–Nov. Di–Sa 10–13 und 14–17 Uhr, So und Feiertage 10–17 Uhr | Tipp Die Besichtigung des gegenüberliegenden Schlosses ist eine ideale Ergänzung zu den Sammlungen.

13 Das Missionskreuz

In Stein gemeißelte Anleitung für einen Ablass

Um 1500 zogen Bettelmönche von Ort zu Ort und boten gegen Zahlung eines Geldbetrags den Erlass der Sündenstrafen an. Der Erlös dieser Sammeltätigkeit ging nach Rom, um den Bau des Petersdoms zu finanzieren. Dieser Ablasshandel war Martin Luther ein Dorn im Auge und wurde zu einem der Auslöser für die Kirchenspaltung. Im Jahre 1567 wurde der Ablasshandel von der Kirche zwar verboten, die Reformation war aber nicht mehr zu verhindern. Die Möglichkeit, seine Sündenstrafen durch Gebet und Buße erlassen zu bekommen, besteht in der katholischen Kirche auch heute noch.

Aus Anlass der Gemeindemissionen 1902 und 1920 wurde an der Ostseite der Stadtpfarrkirche St. Johann ein Missionskreuz errichtet, das genau beschreibt, wie man während der Mission zu einem Erlass der Sündenstrafen kommen konnte. Auf der rechten Seite des Kreuzes stehen die Anweisungen für einen vollkommenen Ablass: Man musste am 13. März, am 3. Mai und am 14. September oder am darauffolgenden Sonntag nach vorher abgelegter Beichte der Messe beiwohnen und die Kommunion empfangen. Anschließend war noch jedes Mal der Besuch des Missionskreuzes vorgeschrieben. Das genügte.

Wer diesen Terminen nicht nachkommen konnte, der musste mit einem unvollkommenen Sündenablass vorliebnehmen. Die Anweisungen für einen unvollkommenen Ablass sind auf der anderen Seite des Kreuzes eingemeißelt. Dafür waren sieben Jahre und 280 Tage lang jeweils sieben Ave-Maria zu beten. Alternativ betete man 300 Tage lang täglich fünf Vaterunser, Ave-Maria und »Ehre sei Gott«.

Der schlaue Katholik wählte gerne die erste Lösung, war doch der Zeitaufwand für einen Erlass der Sündenstrafen wesentlich geringer und der Ablass überdies noch vollständig. Die zweite Lösung hatte allerdings den Vorteil, dass man als Katholik auch für bereits Verstorbene einen Ablass erwerben und ihnen dadurch die Zeit im Fegefeuer verkürzen konnte.

Adresse Stadtkirche St. Johann, An der Stadtkirche, 78166 Donaueschingen | **Anfahrt** Von der B 33 Bad Dürrheim-Blumberg Richtung Stadtmitte, beim Kreisverkehr auf der Fürstenbergstraße bis zum Schloss, gegenüber auf den Karlsplatz einbiegen. Dort gibt es kostenlose Parkplätze. Bis zur Kirche sind es 2 Minuten. | **Tipp** Direkt unterhalb des Missionskreuzes ist das große Denkmal für die Donauquelle.

14 Der Mokichi-Saito-Weg

Ein japanischer Dichter hinterlässt seine Spuren

Kennen Sie Mokichi Saito? Vermutlich nicht, denn in Deutschland ist er nicht sehr bekannt. Für einen Japaner wäre es peinlicher, ihn nicht zu kennen, denn er gehört in seinem Heimatland zu den ganz großen Poeten des 20. Jahrhunderts. In seinem Leben verfasste er etwa 17.000 Gedichte. Mokichi Saito wurde 1882 in Kaminoyama geboren. Er studierte Medizin in Tokio und ging zwischen 1921 und 1924 zu Studien- und Weiterbildungszwecken an die Universitäten von Wien und München. Während seines Aufenthalts in Deutschland und Österreich schreibt er seine Eindrücke in Form von recht amüsanten Kurzgeschichten nieder. Er wundert sich, dass man in Europa im Bett seltsame Nachthemden trägt, zur Körperreinigung einen Waschlappen benützt und dass sich Menschen auf der Straße küssen dürfen. Obwohl auch ihm die Inflation finanziell zu schaffen macht, kann er auf Reisen gehen. Er fährt in die Alpen, bewundert den Bodensee und geht auf die Suche nach der Quelle der Donau, wo er logischerweise in Donaueschingen landet.

Nach seiner Ankunft unternimmt Saito noch in der Dunkelheit einen Spaziergang entlang der Brigach bis zum Zusammenfluss und verfasst dazu folgenden Text: »Mit blassem Schein leuchtete der helle Mond und verlieh dem Fluss einen eigenartig farbigen Glanz. Das kam nicht vom Widerschein der Wellen über dem seichten Grund, die reißende Strömung reflektierte das silbrige Licht.« Am nächsten Morgen macht er einen Rundgang durch Donaueschingen, besichtigt die Donauquelle, Museen, Kirchen und ein Café. Nachmittags wandert er flussaufwärts entlang der Brigach und steigt abends wieder in den Zug. All seine Erlebnisse schreibt er sorgfältig in seinem Tagebuch nieder.

An Mokichi Saito erinnert nicht nur der Spazierweg, den er so poetisch beschrieben hat, sondern auch Donaueschingens Partnerstadt Kaminoyama, in der er geboren wurde und mit der man in lebhaftem Kontakt steht.

Adresse Brigachweg, 78166 Donaueschingen | **Anfahrt** Von B 27/33 auf L 180 bis zum Kreisverkehr, von dort auf die Stadionstraße, auf dem Stadionparkplatz parken, etwa 200 Meter auf dem Brigachweg bis kurz vor die Brücke über die Breg. An der Informationstafel beginnt der Mokichi-Saito-Weg und führt parallel zur Breg direkt zum Zusammenfluss von Brigach und Breg. | **Tipp** Alle Donaueschinger Orte in diesem Buch liegen leicht erreichbar beieinander. Wer einen Nachmittag Zeit hat, kann Nummer 9–14 dieses Buches auf einmal besichtigen.

15 Das Museum Biedermann

Ein Zuhause, nicht nur für »Neue Wilde«

Margit Biedermann ist schon eine außergewöhnliche Frau. Mit 18 erwirbt sie ihr erstes Kunstwerk und tauscht dafür ihre Armbanduhr und eine Schachtel Zigaretten ein. Seitdem hat sie das Sammeln von Kunst nicht mehr losgelassen. Im Berlin der späten 1970er Jahre ist sie fasziniert von den Malereien der »Neuen Wilden« und erwirbt Gemälde von Middendorf und Fetting. Schnell findet sie auch Gefallen an der Bildhauerei. Mittlerweile umfasst die nach ihr benannte Sammlung Werke von rund 150 wichtigen zeitgenössischen Künstlern der letzten Jahrzehnte.

Margit Biedermann wählt ihre Kunst alleine aus, ohne jegliche Beratung von außen. Von Neugierde getrieben, sucht sie stets Kunst, die neue Wege geht. Und sie sucht den Dialog mit dem Künstler, der dahintersteht. Das ist ihr sehr wichtig, daher sammelt sie nur Werke von lebenden Künstlern. Irgendwann suchte sie für ihre Sammlung ein festes Zuhause und wurde in Donaueschingen fündig. Der im Jahre 1841 im klassizistischen Stil entstandene Bau der damaligen Museumsgesellschaft stand zum Verkauf, nachdem 2006 das darin befindliche Kino seine Pforten geschlossen hatte. Das Ehepaar Biedermann erwarb das unmittelbar am Ufer der Brigach gelegene Anwesen und ließ es sorgfältig restaurieren. Höhepunkt der Innenausstattung ist zweifellos der 165 Quadratmeter große Spiegelsaal, ein Glanzstück klassizistischer Architektur.

Seit der Eröffnung im Jahre 2009 finden hier in regelmäßigen Abständen parallel mehrere Ausstellungen mit Künstlern von internationalem Ruf statt. Kindern wird in Workshops der Zugang zu zeitgenössischer Kunst ermöglicht. Veranstaltungen mit zeitgenössischer Musik, modernem Tanz und Theater sowie Filmvorführungen ergänzen das Programm des Museums. Bis jetzt haben schon mehr als 50.000 Menschen das Museum besucht, Donaueschingen ist mittlerweile eine wichtige Adresse für Liebhaber zeitgenössischer Kunst geworden.

Adresse Museum Biedermann, Museumsweg 1, 78166 Donaueschingen, Tel. 0771/8966890 | **Anfahrt** Von der B 33 Bad Dürrheim-Blumberg Richtung Stadtmitte, beim Kreisverkehr auf der Fürstenbergstraße bis zur Kirche, dort nach links Richtung Bahnhof. Nach der Brigachbrücke gibt es in der Josefstraße meist genügend Parkplätze. | **Öffnungszeiten** Di–So 11–17 Uhr, Mo (außer an Feiertagen) geschlossen | **Tipp** Der beim Museum beginnende Park ist selbst eine Reise wert.

16 Die Grablege der Fürsten

Ein Denkmal für die Gouvernante

Aus vornehmem Hause stammend, züchtig gekleidet, streng und unfreiwillig ledig geblieben, das ist das Bild, das man sich landläufig von der Gouvernante im 19. Jahrhundert macht. Eltern aus gutem Hause ging es darum, besonders ihren Töchtern eine standesgemäße Erziehung und Bildung angedeihen zu lassen, um sie später möglichst vorteilhaft zu verheiraten. Zu diesem Zweck beschäftigten sie diese vornehmen Erzieherinnen.

So wurde auch für Prinzessin Amelie zu Fürstenberg eine Gouvernante mit der Erziehung beauftragt, und zwar eine Engländerin, was damals als besonders schick galt. Annie Margaret Charlton hieß die Dame und stammte aus Hexham in Mittelengland. Über ihr Leben wissen wir wenig, aber ihr Tod am 28. April 1886 muss für die Prinzessin ein schwerer Schicksalsschlag gewesen sein, sonst hätte sie nicht den damals bekannten Bildhauer Heinrich Kaffenberger mit der Schaffung eines Grabsteins nach ihren eigenen Entwürfen beauftragt. Es muss wohl eine sehr herzliche Beziehung zwischen den beiden bestanden haben.

Wer die Grablege der Fürstenberger in dem kleinen Ort Neudingen besichtigt, ist schon von der Arbeit des Kunstschmieds beeindruckt, der das breite Eingangstor geschaffen hat. Nach dem Durchschreiten des Tors eröffnet sich dem Besucher eine etwa drei Hektar große, gepflegte Parkanlage mit riesigen, alten Bäumen. Im Zentrum des Parks erhebt sich die Gruftkirche mit ihrer weithin sichtbaren Kuppel. Man meint, vor einer russisch-orthodoxen Basilika zu stehen. Im nicht mehr zugänglichen Inneren der Kirche wurden 150 Jahre lang die verstorbenen Mitglieder des Fürstenhauses beigesetzt.

Außen gesellen sich mittlerweile zu den Gräbern der mit dem Hause besonders verbundenen Personen wie der oben erwähnten Gouvernante Annie Margaret Charlton auch die in den letzten Jahren Verstorbenen des Fürstenhauses. Auf diese Weise kann man ihre Gräber jederzeit besuchen.

Adresse Gutmadinger Straße, 78166 Donaueschingen-Neudingen | **ÖPNV** vom Bahnhof Donaueschingen mit SBG 7282 nach Neudingen, Haltestelle Längestraße, von dort etwa 150 Meter Richtung Gutmadingen gehen | **Anfahrt** Kurz nach dem Ortseingang aus Richtung Gutmadingen liegt der Park rechter Hand. Parkmöglichkeit direkt vor dem großen Tor. | **Tipp** Zu empfehlen ist ein Abstecher auf den Fürstenberg, welcher nicht nur eine traumhafte Aussicht auf die Baar bietet, sondern auf dem auch eine architektonisch interessante Gedächtniskapelle zu Ehren des Kardinals Bea steht.

17 Die Entenburg

Das Wasserschloss auf dem Trockenen

»… da belaib er drei tag by graff Wolffen im schloss und gab der burg den namen Enthaburg.« So berichtet der Chronist Heinrich Hug über den ersten, drei Tage dauernden Besuch Kaiser Maximilians, der dabei der Burg auch ihren Namen gab. Die Entenjagd muss ihm wohl solche Freude bereitet haben, dass er im Herbst 1510 ein zweites Mal hier logierte.

Erbaut wurde die Burg als Jagd- und Wasserschloss im Jahre 1471 von Graf Heinrich VI. von Fürstenberg, der damals noch im höher gelegenen Städtchen Fürstenberg residierte. Nach einem verheerenden Brand verlegten die Fürstenberger ihren Sitz nach Donaueschingen. Die Entenburg wurde aber weiterhin als Austragungsort von Jagdgesellschaften gerne genutzt, bot sie doch die Gelegenheit, trockenen Fußes Enten zu jagen.

Wie bei solchen alten Gebäuden üblich wechselte die Entenburg ihre Besitzer und auch ihren Verwendungszweck. Dass die Burg heute in einem solch guten Erhaltungszustand ist, verdanken wir dem Ehepaar Röver. Ursprünglich wollte Herr Röver die Burg krankheitsbedingt verkaufen und wegziehen. Doch die Kaufinteressenten wollten alle das Gebäude in seinem Charakter stark verändern. Eine verputzte Fassade oder eine angebaute Garage hätten die Rövers nie akzeptiert. Und so blieben sie einfach drin. Ganz im Sinne des Denkmalschutzes renovierten sie das ehemalige Jagdschloss außen und innen mit großer Sorgfalt und Liebe zum Detail. Schon beim Betreten der Eingangshalle ist man erstaunt über die geschmackvolle Ausstattung mit Antiquitäten, die man käuflich erwerben kann. Aus den wieder geöffneten Schießscharten der vier Ecktürme kann man ins Freie blicken und auch heute noch nach Wasservögeln an der nahen Donau Ausschau halten.

Leider ist Herr Röver vor Kurzem gestorben, sodass eine Innenbesichtigung momentan nicht möglich ist. Aber schon der äußere Anblick des trutzigen Bauwerks ist einen Besuch wert.

Adresse Entenburgweg 5, 78166 Donaueschingen-Pfohren | ÖPNV ab Bahnhof Donaueschingen mit SBG 7282 nach Donaueschingen-Pfohren, Haltestelle Entenburgweg | Anfahrt Von der B 31 auf die Hüfinger Straße Richtung Pfohren abbiegen, 50 Meter nach der Donaubrücke in den Entenburgweg einbiegen. Ein gesonderter Parkplatz ist nicht vorhanden. | Tipp In unmittelbarer Nähe von Pfohren gibt es die Riedseen und einen idyllisch gelegenen Badesee mit Sandstrand, Camping und FKK-Bereich.

18 Das Rückhaltebecken

Mittel gegen nasse Füße und vollgelaufene Keller

Die Donau erfreut nicht nur das Herz des Menschen mit ihren schönen Landschaften, sondern sie hat durchaus auch ihre hässlichen Seiten. Besonders wenn sie über ihre Ufer tritt und bei Mensch und Natur immensen Schaden anrichtet. Dass die Menschen selbst für diesen Schaden mitverantwortlich sind, hat man erst in der letzten Zeit erkannt. Nach dem Zweiten Weltkrieg begradigte man an vielen Stellen das Flussbett, um Platz für Industrie und Wohngebiete zu schaffen, eine fatale Fehlinvestition mit verheerenden Folgen. Jetzt versucht man die Fehler von damals wieder rückgängig zu machen, indem man den Flusslauf renaturiert und ihm so wieder Platz verschafft, damit der Fluss sich bei Hochwasser ausbreiten kann.

Ein besonderer Problemfall war schon immer die Breg, einer der beiden Donauzuflüsse, da sie im Frühjahr wegen des Schmelzwassers besonders hoch steigt. Als Lösung bot sich bei Wolterdingen der Bau einer Dammanlage an, um dieses Flüsschen im Falle eines Hochwassers für eine gewisse Zeit aufstauen zu können. Da es oberhalb von Wolterdingen mehrere Kilometer weit keine Besiedlungen gibt, muss bei einem Rückstau nur die Landesstraße 180 geflutet und umgeleitet werden.

Zwischen 2006 und 2012 baute man am Ortsrand von Wolterdingen einen Damm mit einer Höhe von 18 Metern und einer Kronenlänge von 460 Metern. Bei Hochwasser entsteht ein See mit 70 Hektar Wasserfläche, in dem 4,7 Millionen Kubikmeter Wasser aufgestaut werden können. Als Durchlass für die Landesstraße dient ein riesiges Tor, das mit ebenso mächtigen Schiebetüren verschließbar ist. Einer der drei Durchlässe zur Regulierung der Wassermassen ist als Ökostollen gebaut, durch den Fische bei normalem Wasserstand schwimmen können.

Im Dezember 2012 wurde erfolgreich ein Probestau durchgeführt. Fast alles funktionierte, nur die Bogenschützen müssen in Zukunft in ihrem Vereinsheim manchmal mit nassen Füßen rechnen.

Adresse 78166 Donaueschingen-Wolterdingen | ÖPNV ab Busbahnhof Donaueschingen Regionalbus 97 nach Wolterdingen, Haltestelle Bregtalstraße | Anfahrt Von B 33/27 in Donaueschingen auf die L 180 Richtung Furtwangen abbiegen. Das Hochwasserrückhaltebecken liegt direkt am Ortsrand von Wolterdingen, Richtung Vöhrenbach. | Tipp Wolterdingen bezeichnet man als das Tor zum Schwarzwald. Wer auf der L 180 weiterfährt, entdeckt im idyllischen Bregtal viele alte Schwarzwaldhöfe und urige Wirtschaften.

19_Das Heidentor

Raubgräber im Pech

Es kommt immer wieder vor, dass sich in einem Museum jemand vorstellt, der wertvolle archäologische Fundstücke zum Kauf anbietet. So geschah es 1990 auch im Württembergischen Landesmuseum in Stuttgart. Dort erschien ein Händler, der dem Museum im Auftrag eines Sammlers mehr als 100 Schmuckstücke keltischen Ursprungs zum Kauf anbot. Durch gezielte Nachfragen stieg in dem Museumsmitarbeiter der Verdacht auf, dass es sich um Fundstücke einer Raubgrabung handeln könnte. Er schaltete die Polizei ein, und es kam heraus, dass es sich um archäologisches Gut einer illegalen Grabung am Heidentor bei Egesheim handelte. Händler und Sammler kamen vor Gericht. Der Sammler bekam eine Geldstrafe, der Händler wurde mangels Beweisen freigesprochen, über den oder die Raubgräber wurde nie etwas bekannt.

Die kostbaren Gewandspangen, Ringe und Haarnadeln aus dem 7. bis 4. Jahrhundert vor Christus gingen zwar in den Besitz des Staates über, aber für die Wissenschaft war diese Raubgräberei zuerst eine Katastrophe. Glücklicherweise konnten die Archäologen des Landesdenkmalamts aus den noch erkennbaren Schürflöchern der Raubgräber etliche Kostbarkeiten wie Glasperlen aus Griechenland bergen und den wissenschaftlichen Schaden etwas minimieren. Aus der Verteilung und der Häufigkeit der Fundstücke schlossen sie, dass es sich bei dem Heidentor um einen keltischen Opferplatz gehandelt haben muss, der besonders von Frauen genutzt wurde.

In esoterischen Kreisen gilt das Heidentor als Kraftort und Stätte des Fruchtbarkeitskults. Dabei werden in gewissen Kreisen die nahe liegenden Felsen als Phallussymbole, das Tor selbst als riesige Vagina interpretiert, eine waghalsige Theorie!

Es bleibt dem Wanderer überlassen, ob er das Naturdenkmal aus historischem, esoterischem oder sonstigem Grund besucht. Das Graben nach Schätzen sollte er auf jeden Fall den professionellen Archäologen überlassen.

Adresse 78592 Egesheim. Das Heidentor liegt in 925 Meter Höhe auf einem Plateau nordwestlich von Egesheim. Es ist nur zu Fuß erreichbar. | **Anfahrt** In Rietheim von der B 14 auf L 438 bis Bubsheim. Dort beim Kreisverkehr in die Gosheimer Straße, Pkw abstellen und zu Fuß weiter. Der Weg ist gut beschildert. Steiler führt ein Pfad von der Ortsmitte Egesheim nach oben, Gehzeit von hier circa 40 Minuten kürzer. | **Tipp** Im Herbst wandern. Vom Heidentor gibt es herrliche Ausblicke über die bunt gefärbte Alblandschaft. Einkehrmöglichkeit: Gasthof Bären, Bärenstraße 11, Bubsheim, italienische Küche.

20 Die Ehinger Bierwelt

Der schönste Weg zum Bierkenner

Bier ist nicht gleich Bier! Das erfährt der Bierkenner genauso wie der Anfänger in Sachen Bier, wenn er in die Ehinger Bierwelt im wahrsten Sinne des Wortes abgetaucht ist. Am besten quartiert man sich dazu für zwei Nächte im Bierkistenzimmer des Bierkulturhotels Schwanen ein. Dort sind die Wände aus den Hölzern des ehemaligen Malz- und Getreidelagers gefertigt. Die eigenwillige Möblierung erinnert an Bierkisten von früher, und im Bad stehen Biershampoo und Bierseife für den Gast bereit.

Zur Einstimmung empfiehlt sich ein Besuch des Museumle der Berg Brauerei mit Geräten und Gegenständen des Brauhandwerks, die bis ins Jahr 1756 zurückreichen. Dazu gehört auch der Abstieg in die alten Gär- und Lagerkeller der Brauerei.

Höhepunkt solch eines Bierwochenendes dürfte die Teilnahme an einem der Brauseminare sein, die von mehreren Brauereien angeboten werden. Unter Anleitung eines Braumeisters mischt man die Zutaten für das Lieblingsgetränk der Deutschen im richtigen Verhältnis. Der Teilnehmer mahlt, rührt, erhitzt, filtert und füllt ab, er unternimmt im Prinzip die gleichen Arbeitsschritte wie die großen Brauereien. Der Höhepunkt des Seminars ist die Geschmacksprobe des selbst gebrauten Bieres. Und jeder Brauanfänger ist sich sicher, niemals ein besseres Bier getrunken zu haben als das selbst gebraute.

Meistens bleibt es bei der Verköstigung des Bieres nicht bei einem Glas, sondern sie endet in einer bierseligen Runde. Am Ende wird noch jeder Teilnehmer vom Braumeister mit einem Bierkennerdiplom belohnt. Darum empfiehlt sich als Ausgleich am nächsten Tag eine Tour zu Fuß auf dem Bierwanderweg. Dieser Weg wurde im Jahre 2010 als Deutschlands schönster Wanderweg ausgezeichnet, vermutlich wegen der vielen Gaststätten am Wegesrand. Ein Novum in ganz Deutschland ist der Bierlehrpfad, dessen Verlauf und Sehenswürdigkeiten man mittels einer App auf sein iPhone herunterladen kann.

Adresse Berg Brauerei mit Museumle, Inh. Ulrich Zimmermann, Brauhausstraße 2, 89584 Ehingen-Berg, Tel. 07391/771710; Gasthof Brauerei Schwanen, Inh. Karl Miller, Herrengasse 7, Tel. 07391/53420; Brauerei Gasthof zum Rössle, Inh. Friedrich Buckenmaier, Hauptstraße 171, Tel. 07391/53465; Brauerei Schwert, Inh. Siegfried Einsiedler, Am Viehmarkt 9, Tel. 07391/1288 | Anfahrt von der B 311 in die Münsinger Straße Richtung Zentrum abbiegen, nach der Bahnüberführung links in die Pfisterstraße und dann nach 150 Metern rechts auf den Parkplatz am Viehmarkt abbiegen | Tipp Mit dem Segway das Biosphärengebiet erkunden: www.donauroller.de.

21 Liebherrs Riesenkrane

Das stählerne Manhattan

Es ist wirklich, als ob man auf New York zufährt. Plötzlich tauchen sie fast aus dem Nichts auf, die stählernen Kolosse der Firma Liebherr in Ehingen, genauso wie die Wolkenkratzer von Manhattan. Und sie können es höhenmäßig durchaus mit manchen Hochhausgiganten aufnehmen. Im Juli 2013 trieben es dabei die Ingenieure und Mitarbeiter sogar im wahrsten Sinne des Wortes auf die Spitze. Aufgebaut wurde der stärkste und höchste Raupenkran der Welt. Der Gigant ragte 248 Meter in die Höhe, 100 Meter höher als das Deutsche-Bank-Hochhaus in Frankfurt. Auf das Ulmer Münster mit dem höchsten Kirchturm der Welt könnte dieser Kran immerhin noch eine Last von 624 Tonnen heben. Bestellt wurde das Monstrum von einer amerikanischen Firma, die das Gerät für den Bau von Kraftwerken und in der Petrochemie einsetzt.

Der Bau solcher Kolosse stellt die Ingenieure des Kranwerks immer wieder vor große Herausforderungen. Zum einen sollen die Krane immer höher werden und immer größere Lasten tragen können, zum anderen muss man auch an den Transport von Baustelle zu Baustelle denken. Dabei sind dann die Transporteure gefragt, die dafür sorgen müssen, dass ihre Sondertransporte nicht in engen Kurven stecken bleiben. Die vermutlich größte Herausforderung diesbezüglich war der Transport eines 160 Tonnen schweren Raupenkrans zum Bau eines Kraftwerks zu dem in 2450 Metern Höhe gelegenen Muttsee in den Schweizer Alpen. Da keine Straße zur Verfügung stand, mussten die Teile des Krans mit einer Spezialseilbahn hochtransportiert werden.

Nicht nur im Gebirge, sondern auch auf offener See kommen Liebherr-Krane zum Einsatz. Offshorekrane von Liebherr sorgen dafür, dass Windräder und Bohrinseln auch weit weg vom Festland errichtet werden können. Die 2.900 Mitarbeiter des Ehinger Kranwerks freuen sich auf jeden Fall, dass ihre Firma so floriert und ihre Produkte weltweit immer wieder Aufsehen erregen.

Adresse Dr.-Hans-Liebherr-Straße, 89584 Ehingen | ÖPNV Bahnhof Ehingen. Die Krane sind von allen etwas höher gelegenen Punkten oder vom Zug aus sichtbar. | Anfahrt Egal, von welcher Richtung man sich Ehingen nähert, das Abnahmegelände ist sofort sichtbar. Den besten Blick auf die Riesenkrane hat man vom Ziegelhof an der Münsinger Straße. | Tipp Ehingen ist Bierstadt, unbedingt eine der kleinen Brauereien besuchen und die verschiedenen Biersorten probieren.

22 Der Marktbrunnen

Der Froschkönig als Durstlöscher

Die Bürger mögen es, wenn aus Steuermitteln zur Verschönerung der Stadt Kunst entsteht, deren Aussage man auf Anhieb versteht. Dem Bildhauer Kurt Grabert ist mit dem Ehinger Marktbrunnen ein solches Kunstwerk gelungen, jedermann verständlich und trotzdem nicht volkstümelnd, ein in Bronze gegossenes Bilderbuch über die Geschichte der Stadt.

Auf dem Brunnen steht in sechs Metern Höhe zuoberst der Stadtpatron St. Theodul im Bischofsgewand, der sorgenvoll auf die Stadt und seine Bürger herunterblickt. Er ist durch ein Band mit der untersten Figur, einem Teufel im Narrenkostüm, verbunden. Unterhalb des Stadtpatrons entdeckt man drei wasserspeiende Helme aus verschiedenen Epochen. Sie verweisen auf wichtige Ereignisse in der Stadtgeschichte. Die Hauptebene stellt zwei Szenen aus dem Ehinger Alltagsleben des 18. Jahrhunderts dar. Ein Marktweib bietet einer vornehmen Dame wortreich eine Henne an. Auf der anderen Seite zeigt ein Bauer dem österreichischen Beamten seinen leeren Hosensack, um ihm zu beweisen, dass bei ihm nichts mehr zu holen ist. Auf dem Rand des Brunnens sitzt ein junger Kerl mit einer Spritze in der Hand. Er erinnert an eine Begebenheit im Jahre 1859, als die gesamte Feuerwehr der Stadt ausrückte, weil Qualm aus dem Kirchturm quoll. Der Rauch entpuppte sich jedoch bald als Mückenschwarm, was den Ehingern den Spottnamen »Muckenspritzer« und gleichzeitig ihre bekannteste Narrenfigur einbrachte.

Die Lieblingsfigur der Ehinger Jugend ist der gekrönte Frosch am Brunnenrand, der in den frostfreien Monaten frisches Trinkwasser spendet. Bei der Einweihung soll sogar für die Kinder Limonade aus dem Maul geflossen sein.

Vermutlich erhielt der Frosch auch schon manchen Kuss von jungen Damen, die sich auf diese Weise einen schönen Prinzen angeln wollten. Bis jetzt ist dies zum Glück noch keiner gelungen, sonst gäbe es ja keinen Frosch am Ehinger Marktbrunnen mehr.

Adresse Marktplatz, 89584 Ehingen | **Anfahrt** von der B 311 in die Münsinger Straße Richtung Zentrum abbiegen, nach der Bahnüberführung links in die Pfisterstraße und dann nach 150 Metern rechts auf den Parkplatz am Viehmarkt abbiegen | **Tipp** Direkt am Parkplatz Viehmarkt liegt auch das städtische Museum mit interessanten Sonderausstellungen.

23 Das Besenmuseum

Das zweite Standbein von Schloss Mochental

Er ist einer der alltäglichsten Gebrauchsgegenstände, vorkommend auf der ganzen Welt, er verbraucht keinen Strom, kostet nicht viel und kümmert sich seit Menschengedenken im wahrsten Sinne des Wortes um den letzten Dreck. Gemeint ist der Besen. Jeder kennt ihn, jeder besitzt ihn, jeder gebraucht ihn, aber niemand beachtet ihn.

Vielleicht war gerade das der Grund, warum der Galerist Schrade 1977 anfing, Besen zu sammeln, und aus dieser Sammlung das erste Besenmuseum der Welt im Schloss Mochental entstehen ließ.

Der kunstinteressierte Besucher, der von der Existenz dieses Museums im Museum nichts weiß, ist zuerst etwas verunsichert und versucht angestrengt, eine künstlerische Deutung dieser kuriosen Ausstellungsgegenstände zu generieren. Sobald er merkt, dass solcherlei Bemühungen zu wenig Erfolg führen, ist er begeistert von dem weltweiten Variationenreichtum dieses einfachen Werkzeugs.

Die internationale Sammlung reicht vom Elefantenschwanzbesen mit Silberbeschlag über die Dattelpalmrispe bis zum kenianischen Affenschwanzbesen. Ein perlenbestickter Tischbesen stammt vermutlich von vornehmen Herrschaften, und unterhalb der Decke reitet eine Hexe auf ihrem Hexenbesen, während in der Ecke verschämt ein völlig abgefegter Allgäuer Stubenbesen steht.

Begleitende Texte erinnern den Besucher daran, dass die Schwaben ihre berühmteste Erfindung, die Kehrwoche, dem Besen zu verdanken haben. Wie viel Zwist hat der Besen schon miterlebt, weil er bei selbiger nicht genügend strapaziert wurde. Auch Zauberkräfte werden diesem Putzgerät zugesprochen. Immerhin sollen angeblich alle Hexen, die jedes Jahr zur Walpurgisnacht kommen, einen Besen als Fluggerät benutzen.

Vielleicht verbindet Herr Schrade mit dem Besenmuseum doch einen künstlerischen Hintergedanken, nämlich, dass auch der banalste Alltagsgegenstand bei genauerer Betrachtung eine große Faszination ausüben kann.

Adresse Schloss Mochental, 89584 Ehingen-Kirchen, Tel. 07375/418 | **ÖPNV** von Ehingen Bahnhof mit Regionalbus 342 bis Kirchen/Schloss Mochental | **Anfahrt** von der B 311 Abfahrt Munderkingen auf K 7344 Richtung Kirchen und dann auf K 7414 Richtung Lauterach, Beschilderung folgen | **Tipp** Herr Schrade betreibt eine kleine, gemütliche Cafeteria, in der man ihn manchmal selbst antreffen kann. Alternativ kann man im Schloßstüble bei der Familie Mauz gemütlich vespern.

24 Das Bioenergiedorf

Konzept für die Zukunft

Nach der Freude der meisten Bundesbürger über den Ausstieg aus der Atomenergie kam das böse Erwachen: Die Strompreise für den kleinen Mann stiegen empfindlich an und sind vermutlich noch nicht auf ihrem Höhepunkt. Um diesem Trend zu begegnen, werden jetzt kostengünstige alternative Energiequellen in Kundennähe benötigt.

Hier ist den Bioenergiedörfern, die seit 2006 bundesweit entstanden sind, ein großer Schritt hin zu diesem Ziel gelungen. Bioenergiedörfer erzeugen ihren Strom ganz und ihren Wärmebedarf mindestens zu 50 Prozent aus Biomasse und Solarenergie selbst.

Seit 2013 darf sich auch Emmingen bei Tuttlingen Bioenergiedorf nennen. Diesen Titel hat sich der 2.900 Einwohner zählende Ort mehr als verdient. Mittlerweile speisen die Biomasse- und Solaranlagen fast viermal so viel Strom ins Netz, wie die Bürger in ihren Haushalten verbrauchen. Neu im Vergleich zu den anderen Bioenergieprojekten ist die effektive Nutzung der Wärme aus den Biomasseanlagen. Dazu wurden zehn Kilometer Rohre verlegt, die mittlerweile 150 Abnehmer erreichen. Unter anderem sind alle kommunalen Gebäude an das Nahwärmenetz angeschlossen. Ein Pufferspeicher von 1.000 Kubikmetern und eine Hackschnitzelheizung ermöglichen auch im Winter eine gleichmäßige Versorgung der Abnehmer mit Wärme.

Die Ökobilanz kann sich sehen lassen: Die Biogasanlagen, die mit Gülle und Mist sowie regional angebauten Energiepflanzen beschickt werden, ersparen gegenüber dem bundesdeutschen Strommix jährlich 4.800 Tonnen CO_2, die Photovoltaikanlagen nochmals 3.000 Tonnen. Bei einer vorgesehenen Laufzeit der Anlagen von 20 Jahren sind das fast 160.000 Tonnen weniger CO_2, mit dem wir die Umwelt belasten. Das Dorf Emmingen ist auf dem Weg in eine Zukunft, die auch noch unseren Kindern und Kindeskindern eine lebenswerte Umwelt bieten kann. Das Bioenergiedorf kann kostenlos im Rahmen einer Erlebnistour besichtigt werden.

Adresse Heizzentrale Friedrich-Wöhler-Straße, 78576 Emmingen-Liptingen, Ortsteil Emmingen; Ansprechpartnerin für Erlebnistouren: Jutta Gaukler, Tel. 0163 / 1410357 oder gaukler@solarcomplex.de | ÖPNV von Tuttlingen ZOB mit Regionalbus 737 nach Emmingen, Haltestelle Donaustraße | Anfahrt von Tuttlingen auf der B 14 Richtung Stockach / Ulm, im ersten Kreisverkehr auf die B 491 Richtung Emmingen | Tipp In der Friedrich-Wöhler-Straße 10 steht vor dem Gebäude der Firma Mahe eine Skulptur des Künstlers Markus Gaudoin und beim Scala-Gebäude, Friedrich-Wöhler-Straße 13, ein farbenfrohes Großmobile von Firmeninhaber Olaf Storz.

25 Das Mörderkreuz

Gefährliche Zeiten auf dem Witthoh

Wer der Meinung ist, die Welt sei früher sicherer gewesen, wird auf dem Witthoh, dem südlichsten Berg der Alb, eines Besseren belehrt. Dort steht mitten auf einer Wiese ein Gedenkstein, der an einen heimtückischen Mord erinnert. Der Inschrift darauf kann man entnehmen, dass an dieser Stelle am 26. Februar 1794 der Müller Andreas Storz aus Rosenfeld beraubt und erschlagen wurde.

Was ereignete sich tatsächlich an diesem Tag? Der Betroffene war abends auf dem Rückweg von einer Geschäftsreise und wollte bei Verwandten in Tuttlingen übernachten. Da gesellten sich zwei Burschen zu ihm, die sich als Tuttlinger Messerschmiede namentlich vorstellten. Kurz darauf schlug der eine den Reisenden mit einem Stein nieder, beide stachen dann auf ihn ein, bis er leblos am Boden lag. Sie entwendeten seine Geldkatze mit 600 Gulden und gingen nach Hause. Der Müller war aber nicht tot, sondern schleppte sich trotz seines gewaltigen Blutverlustes nach Tuttlingen. Dort erstattete er sofort Anzeige. Die Täter wurden noch am selben Abend verhaftet. Der Arzt konnte das Leben des Überfallenen letztendlich nicht retten, der Blutverlust war zu groß. Neun Tage nach dem Überfall verstarb der Müller im Kreise seiner Familie. Die Mörder wurden noch im gleichen Jahre auf dem Tuttlinger Hochgericht enthauptet, die Körper aufs Rad geflochten und die Köpfe auf den Spieß am Galgen gesteckt. Es war in Tuttlingen die letzte Hinrichtung.

Dies war übrigens nicht der einzige Mord in dieser Gegend. Einen Kilometer weiter in Richtung Tuttlingen erinnert ein Schild mit der Inschrift »Italienerplatz« an eine weitere Bluttat. Im Jahre 1861 erschlugen italienische Gleisarbeiter auf ihrer Rückreise in die Heimat einen Mitreisenden mit dem Beil und ließen ihn dort liegen. Doch auch dieser Mord wurde schnell aufgeklärt und endete für die Haupttäter mit der Enthauptung im Rottweiler Gefängnishof.

Adresse Witthoh, 78576 Emmingen-Liptingen | **Anfahrt** von B 311 in Höhe Möhringen auf K 5944 bis Hattingen und auf K 5929 bis zum Witthoh, beim Gasthaus Windegg auf eine schmale Straße für Anlieger Richtung Tuttlingen abbiegen, nach etwa 50 Metern rechts auf dem Wanderparkplatz parken, auf der Straße weiter Richtung Tuttlingen bis fast zum Lohhof wandern; etwa 50 Meter links vom Weg steht in der Wiese der Gedenkstein | **Tipp** An klaren Tagen hat man unterhalb des Parkplatzes einen herrlichen Panoramablick über den Hegau und den Bodensee bis ins Berner Oberland. Eine Informationstafel gibt Auskunft über die Namen der einzelnen Erhebungen.

26__Der Schelmenbaum

Ganz schön provozierend

Jedermanns Freund ist er nicht! Die Ansichten über Peter Lenks Kunst gehen von großer Bewunderung bis zu kompromissloser Ablehnung. In einem sind sich alle einig: Seine Werke finden Beachtung und lösen Diskussionen aus.

In Emmingen steht seit Herbst 2012 der Schelmenbaum von Peter Lenk, gestiftet von einem Emminger Ehepaar. Schon im Voraus gab es intensive Diskussionen in Gemeinderat und Bevölkerung, ob in ihrem Dorf ein Werk dieses provozierenden Künstlers aufgestellt werden darf. Schließlich ist bekannt, dass Lenk gerne Personen des öffentlichen Lebens nackt und in verfänglichen Posen darstellt. Doch die Emminger zeigten Mut zum Risiko, und so steht jetzt diese Skulptur unübersehbar an der Durchgangsstraße, die nach Engen führt.

Wer sich einmal an die Darstellungsweise des Künstlers gewöhnt hat, kann erkennen, dass sich Lenk etliche Gedanken zur Geschichte der Gemeinde und zur aktuellen politischen Situation gemacht hat. Von ganz oben hängt ein Pfarrer herab, der sich ein Hörrohr ans Ohr hält. Er erinnert an eine Spionagegeschichte während der Schlacht von Liptingen im Jahre 1799. Auf einem Ast darunter liegt der Bürgermeister, der von den Narren der beiden Ortszünfte in die Mangel genommen wird. Die beiden Narren könnten stellvertretend für die beiden Ortsteile stehen, die auch heute noch vehement ihre Interessen vertreten und den Bürgermeister oft in Bedrängnis bringen. In der Mitte grapscht ein älterer Herr nach einer jungen Dame. Das Gesicht des Herrn erinnert an einen in der Region bekannten Adligen. Rechts unten turnen zwei Gorillas auf dem Ast, deren Gesichtsausdrücke denen von Politikern ähneln, die ihren Doktortitel wegen Abschreibens verloren haben.

Wenn man Peter Lenk als Schelm bezeichnete, fände er das vermutlich eine passende Charakterisierung. Und so passt der Name »Schelmenbaum« gut zu dem Kunstwerk, ist es doch von einem Schelm geschaffen.

Adresse Engener Straße, 78576 Emmingen-Liptingen | **ÖPNV** Vom Busbahnhof Tuttlingen Bus 7375 nach Emmingen. Die Haltestelle »Adler« liegt direkt gegenüber dem Kunstwerk. | **Anfahrt** Der Schelmenbaum liegt direkt an der B 491 an der tiefsten Stelle der Ortsdurchfahrt. | **Tipp** Einen Kilometer weiter Richtung Engen stehen die Pestkreuze, ein Mahnmal aus dem Dreißigjährigen Krieg. Man hat von dort aus eine herrliche Sicht über den Hegau.

27 Die Votivtafeln

Geschichtsunterricht an der Kirchenwand

Heutzutage sind die Chancen auf den erfolgreichen Verlauf einer Operation recht groß. Vor 200 Jahren waren die Erfolgsaussichten bei einem Eingriff eindeutig geringer, denn auf dem Dorfe gehörte das Operieren von Menschen zu den Aufgaben des Baders oder des Barbiers. Dazu benützten diese ihr ganz normales Handwerkszeug, Sterilisation war damals unbekannt. Als einziges Narkosemittel stand Schnaps zur Verfügung.

Bei solcherlei Aussichten wurde selbst ein gottloser Mensch fromm und wandte sich an den für die Krankheit zuständigen Heiligen oder gleich an die heilige Maria, die Muttergottes. Zu diesem Zweck gab es überall im süddeutschen Raum in der Nähe einen Wallfahrtsort, zu dem man pilgern und seine Anliegen im Gebet vorbringen konnte.

Ein beliebtes Wallfahrtsziel im Hegau war die Kirche am Schenkenberg, zwei Kilometer südlich von Emmingen ab Egg. Das Gebet zu der in dieser Kirche aufgestellten Marienstatue war offensichtlich sehr erfolgversprechend, wie etliche in der Kirche zum Dank aufgehängte Votivtafeln aus mehreren Jahrhunderten zu berichten wissen.

Die von ortsansässigen Künstlern gemalten Ölbilder erzählen von Krankheit und Tod, von Viehseuchen und Unfällen, bei denen die Schenkenberger Madonna geholfen hat. Die Bilder erzählen nebenbei auch über das alltägliche Leben in der damaligen Zeit, die Menschen sind in ihrer Tracht abgebildet, und im Hintergrund entdeckt man alte Ortsansichten.

Besonders zu erwähnen ist neben der Darstellung einer Augenoperation eine Votivtafel, die einen Mann mit einem Pferdefuhrwerk zeigt, der in der Donau zu ertrinken droht. Der Text berichtet, dass die danebenstehende Frau mit ihrem Rechen den Mann samt dem Fuhrwerk aus der Donau gezogen haben soll. Eine wahrhaft starke Frau, wenn diese Geschichte stimmt.

Adresse Schenkenberg, 78576 Emmingen-Liptingen | **Anfahrt** Auf der B 491 von Emmingen Richtung Engen unterhalb der Pestkreuze nach links auf die Straße Richtung Wasserburgertal abbiegen. Nach etwa 2,5 Kilometern führt in einem Waldstück eine schmale Straße rechts hoch zur Kirche. | **Tipp** Direkt neben der Kirche hat der Schenkenberger Hof wieder eröffnet. Anschrift: Schenkenbergerhof 22, 78576 Emmingen-Liptingen

28_Alamannisches Erbe

Teurer Schmuck im Frauengrab

Im Vergleich zu den Römern galten die Alamannen nicht gerade als kulturell sehr hochstehend. Sie wohnten in einfachen Holzhäusern, kleideten sich schlicht und praktisch und hinterließen bis auf wenige in Waffen eingeritzte Runen keine schriftlichen Dokumente. Auch von der römischen Badekultur hielten sie wenig.

Doch die Alamannen hatten auch ihre Stärken. So waren sie Meister im Umgang mit Holz, besonders kunstvoll waren ihre Möbel, die gerne mit gedrechselten Teilen verziert waren. Großes Ansehen genossen die Waffenschmiede. Ihre kurzen und langen Schwerter, genannt Sax und Spatha, waren begehrte Tauschobjekte und verbreiteten sich in ganz Europa. Bei der Herstellung von Schmuck erlangten die Alamannen eine Fertigkeit, vor denen heutige Juweliere respektvoll den Hut ziehen, wenn sie Repliken der Schmuckstücke aus dieser Zeit herstellen sollen. Eine damals beliebte Art der Schmuckbearbeitung war das Tauschieren, das besonders bei der Gestaltung von Gürtelschnallen angewandt wurde. Dabei wurde das gewünschte Muster in eine metallene Oberfläche eingeritzt. Anschließend klopfte man einen Silberdraht in die feinen Rillen und schliff so lange darüber, bis eine glatte Oberfläche entstand.

Reiche Frauen trugen am liebsten Goldschmuck. In die kunstvoll angefertigten goldenen Fibeln, Ringe, Armreifen und Haarnadeln waren zusätzlich Edelsteine aus der ganzen damaligen Welt eingearbeitet.

In Fridingen wurde ein alamannisches Gräberfeld ausgehoben, in dem über 500 Menschen bestattet waren. Dort fand man in den Ruhestätten reicher Frauen Schmuckstücke, die zu den schönsten Exemplaren aus dieser Zeit zählen. In der Alamannenabteilung des Fridinger Museums sind diese zu bewundern. Der Besuch des Museums lohnt sich also, kann man sich doch ein umfassendes Bild der Zeit unserer Vorfahren und der Geschichte dieses kleinen Städtchens machen.

Adresse Museum Oberes Donautal, Schloßgasse 20, 78567 Fridingen, Tel. 07463/8474 | **ÖPNV** Tuttlingen Busbahnhof Bus 50 bis Fridingen Zentrum | **Anfahrt** B 311 Neuhausen ob Eck, auf L 440 und dann auf L 277 (Donaustraße), in Höhe der Volksbank rechts in die Innenstadt einbiegen. Das Museum kommt nach 20 Metern, Parkplatz direkt vor dem Haus. | **Öffnungszeiten** 1. Mai–31. Okt. Sa, So 14–18 Uhr | **Tipp** In Mühlheim/Donau, Trossingen und Seitingen-Oberflacht gibt es weitere Museen mit umfangreichen und sehenswerten Alamannenabteilungen.

29 Das Kunstwerk im Fluss

Als Rastplatz ungeeignet

Wer auf dem sehr belebten Rad- und Fußweg von Bergsteig nach Beuron wandert, entdeckt wenige hundert Meter vor dem Jägerhaus mitten im Flussbett der Donau einen überdimensionalen Esstisch mit zwei Stühlen. Das gibt dem Betrachter schon Rätsel auf, weist doch kein Schild auf Sinn und Zweck dieses eigenartigen Gebildes hin. Als Rastplatz ist dieser Sitzplatz vollkommen ungeeignet, denn zum einen sind Tisch und Stühle viel zu groß, zum anderen will man sich nicht unbedingt nasse Füße beim Vespern holen. Wer Glück hat, trifft einen Ortskundigen, der weiß, dass es sich hier um ein Kunstwerk handelt. Der Künstler Jürgen Knubben schuf es 1997 und gab ihm den Titel »Alles ist im Fluss«. Die doppelte Bedeutung dieses Titels ist bewusst gewählt: Das Kunstwerk steht ständig in der Donau, also im Fluss, will aber auch daran erinnern, dass sich das Leben wie ein Fluss immer bewegt und nie stehen bleibt.

Der 1955 geborene Knubben gilt als der Kopf der Rottweiler Kunstszene, deren Kreis bekannte zeitgenössische Maler und Bildhauer umfasst. Bekannt ist er vor allem durch seine meist geometrischen Plastiken aus rostigem Stahl.

Im Rahmen der Gartenschau in Sigmaringen startete der Landkreis Sigmaringen eine Initiative mit dem Namen »Kunst am Fluss«. Durch sie entstand entlang der Donau zwischen Beuron und Herbertingen ein Kunstweg mit 17 installativen und skulpturalen Kunstwerken. Knubbens Plastik wurde in den Kunstweg integriert, obwohl sie schon vor Beginn der Initiative entstanden war. Die Werke wollen »mit Kreativität und Hintersinn, ästhetischer Strenge und keckem Witz neue, auf den ersten Blick überraschende und mitunter irritierende Blicke auf den Fluss und die umgebende Natur werfen«, steht in der Beschreibung des Flyers über den Kunstweg. Diese Beschreibung trifft haargenau auf Knubbens Kunstwerk zu, obwohl es nicht für diese Initiative geschaffen wurde.

Adresse Flussbett der Donau zwischen 78567 Fridingen und 88631 Beuron | Anfahrt von B 311 nach Neuhausen ob Eck, weiter auf L 440 und L 277 bis Fridingen und Beuron, dort in die Abteistraße einbiegen, weiter Richtung Buchheim, am Ortsausgang auf dem Donauradweg Richtung Fridingen, eine Stunde Gehzeit | Tipp Einkehrmöglichkeiten am Wanderweg zwischen Fridingen und Beuron sind der Landgasthof Jägerhaus und die Vesperstube Ziegelhütte.

30 Die Naturbühne Steintäle

Großes Theater mit Frischluftgarantie

Als dem Theater- und Kulturring Fridingen ab dem Jahre 1960 die Saalbühne im Gasthaus Krone für Aufführungen nicht mehr zur Verfügung stand, suchte der Verein nach einer geeigneten Alternative. Fündig wurde er in der kleinen, romantischen Felsenschlucht Steintäle unweit vom Ortsrand. Felsen und Wald boten genügend Spielflächen, in eine gegenüberliegende Geröllhalde wurden Zuschauerränge für 400 Personen eingebaut.

Mit Schillers »Wilhelm Tell« wurde die Naturbühne 1963 feierlich eingeweiht. Im Laufe der Jahre entstanden noch weitere Spielflächen, Zweckbauten und eine verkehrsgerechte Zufahrt mit großem Parkplatz. Seit dieser Zeit führt der Verein ohne Unterbrechung jedes Jahr zwischen Ende Juni und Anfang September Theaterklassiker von Shakespeare über Goethe und Schiller bis Horváth und Frisch in außergewöhnlicher Qualität auf. Seit 1977 werden zudem Kinderstücke auf die Bühne gebracht, in der Hauptsache Märchen der Gebrüder Grimm. In den letzten Jahren wurde das Programm noch durch Musicals und Konzerte ergänzt.

Die Aufführung wird für den Besucher zu einem unvergessenen Erlebnis. Die kleine, wildromantische Schlucht fesselt den Zuschauer schon, bevor das Stück beginnt. Unter rauschenden Bäumen, weitab vom Verkehrslärm, inmitten zwitschernder Vögel ist man dem Alltag in Windeseile entrückt. Wenn die Schauspieler unter sternklarem Himmel mitten in fast unberührter Natur mit großer Hingabe ihre Stücke spielen, bekommt jede Aufführung im Steintäle eine ungeahnte Intensität. Es lohnt sich also, die 100 Höhenmeter vom Parkplatz zur Naturbühne zu Fuß zu überwinden, am Ende locken beeindruckende Stunden.

Seit einiger Zeit ist der Besuch eines Theaterstücks dank eines Sonderparkplatzes auch für Behinderte und ältere Menschen möglich. Rollstuhlfahrer bekommen einen überdachten Sitzplatz neben dem Beleuchter mit bester Sicht auf die Bühne.

Adresse Kirchberg 18, 78567 Fridingen | **ÖPNV** Für die Nachmittagsveranstaltungen gibt es gute Zug- und Busverbindungen von Tuttlingen und Sigmaringen, Haltestelle Mittlere Gasse. Abends keine Rückfahrmöglichkeit. | **Anfahrt** B 311 Neuhausen ob Eck, auf L 440, dann auf L 277 (Donaustraße), in Höhe der Volksbank rechts in die Innenstadt einbiegen und gleich wieder links an der Stadtmauer entlang bis zur Straße »Kirchberg« weiterfahren. Am Ende dieser Straße befindet sich der Steintäleparkplatz. | **Öffnungszeiten** Kartentelefon (besetzt ab Mitte Mai) 07463/7814, Di–Fr 15–18 Uhr, Sa 13–15 Uhr, So 13–15 Uhr, bei schlechter Witterung fallen die Veranstaltungen aus | **Tipp** Vom Steintäle zur Mattheiser Kapelle und zum Stiegelefels wandern. Einer der schönsten Aussichtsplätze im Donautal!

31 Die Ruine Kallenberg

In mondhellen Nächten erscheint das Burgfräulein

Trutzig steht er da, weithin sichtbar über dem Donautal, acht mal acht Meter im Grundriss und zwanzig Meter hoch, der Bergfried der Ruine Kallenberg. Er besteht aus großen Buckelquadern, ohne Mörtel einfach aufeinandergesetzt.

An den Bergfried schließen sich Mauerreste an, die den ehemaligen Burghof umfassten. Der Zugang zum Bergfried liegt in 15 Metern Höhe als türgroße Öffnung im Gemäuer. Er war vermutlich nur über eine Außentreppe zu erreichen, die man im Verteidigungsfall hinunterwarf.

Um das Jahr 1200 erbaut, könnte die Ruine viel von ihrer wechselvollen Geschichte und ihren zahlreichen Besitzern erzählen. Ab 1800 wollte niemand mehr in diesen kalten und unheimlichen Gemäuern wohnen, und so wurden sie dem Verfall preisgegeben.

Bekannt ist die Ruine Kallenberg für eine Sage, die sich dort oben abgespielt haben soll. Im Mittelalter kam der Burgherr mit unermesslichen Schätzen aus den Kreuzzügen zurück. Während seiner Abwesenheit hatte sich sein einziges Töchterlein in einen hübschen Burschen aus der nahe gelegenen Bronner Mühle verliebt. Als der Vater von der Beziehung seiner Tochter zu dem jungen Müller erfuhr, verstieß er sie mit Schimpf und Schande. Am nächsten Tage fand man die Leiche des Mädchens im Stauwasser des Mühlenwehrs. Den grausamen Vater ergriff eine tiefe Reue über seine Tat. Er verkroch sich in seine Burg und ward nie mehr außerhalb gesehen.

Tochter und Vater sind längst gestorben, doch in mondhellen Nächten kann man das Mädchen als weiße Gestalt auf den Zinnen der Burg sitzen sehen, während der Vater als düsteres Schattengespenst um die Felsen huscht und die Hände ringt. Wagt es allerdings jemand, nachts auf der Suche nach den Schätzen die Burg zu erklimmen, so erscheint die schwarze Gestalt und vertreibt ihn mit glühenden Augen.

Adresse Wald zwischen 88637 Buchheim und 78567 Fridingen | Anfahrt B 311 Neuhausen ob Eck, auf L 440 und dann 200 Meter auf L 277 bis Bergsteig, dort auf der K 5940 in Richtung Buchheim, 2,5 Kilometer bis zum gelben Hinweisschild des Schwäbischen Albvereins fahren, Wanderparkplatz direkt neben dem Hinweisschild, weiter zu Fuß direkt zur Ruine | Tipp Rund 100 Meter östlich der Kallenbergruine befindet sich die Kallenberghöhle, eine Höhlenburg mit Mauerresten eines Eingangsportals.

32 Das Schloss Bronnen

Das Geisterschloss auf dem Korallenriff

Man meint, es ist schon mindestens 150 Jahre her, dass Schlossbewohner von nächtlich erscheinenden Gespenstern zu berichten wussten. Doch das Gespenst im Schloss Bronnen zeigte sich noch, als es schon Telefon, Auto und elektrisches Licht gab.

Und die Kunde davon erreichte sogar höchste Kreise der Politik und Wissenschaft. Im Jahre 1921 reiste eine hochkarätige Delegation unter Leitung des damaligen Finanzministers Erzberger an, um zu beweisen, dass Gespenster nur in den Köpfen von Menschen mit zu viel Phantasie existieren. Doch genau zu dieser Zeit erschienen den zwei im Schloss übernachtenden Personen, einem Arzt und einem Priester, weiße Gestalten, die einen ungeheuren Lärm verursachten. Der Kommission, die im benachbarten Beuron logiert hatte, berichteten sie haarklein und übereinstimmend die Vorkommnisse und konnten alle Zweifel an der Aussage zerstreuen. Danach herrschte 14 Jahre Ruhe, bis die NS-Reichsfrauenführerin Gertrude Scholtz-Klink, die das Schloss für Erholungszwecke beschlagnahmt hatte, Opfer einer nächtlichen Geisterattacke wurde. Sie flüchtete zu den Mönchen im benachbarten Gallushof, bekam dort aber mit Hinweis auf die Klausur keinen Einlass und musste im Kuhstall übernachten. Nachdem die Mönche im Kloster Beuron mehrmals Messen für die armen Seelen der Geister gelesen hatten, hörte der Spuk auf.

Heute ist das auf einem ehemaligen Schwammriff gelegene Jagdschloss der Adligen von Enzberg privat bewohnt. Eine Innenbesichtigung des Anwesens ist nicht möglich. Trotzdem lohnt sich der steile Aufstieg zur Burg, denn auch die darunterliegende Bronner Höhle ist wirklich sehenswert.

Erkundigt man sich beim gegenwärtigen Mieter des Hauses nach Geistern, antwortet dieser augenzwinkernd: »Der Geist lässt mich eigentlich in Ruhe, nur ab und zu verschwindet in meinem Weinkeller eine Flasche Rotwein, es sei ihm gegönnt.«

Adresse Schloss Bronnen, 78567 Fridingen | **Anfahrt** Auf dem Donauradweg per Rad oder zu Fuß vom Bahnhof Beuron aus bis Gasthof Jägerhaus, von dort links steil bergauf, den Schildern folgen. Am Wanderweg unterhalb des Schlösschens liegt die imposante Bronner Höhle. | **Tipp** Im Ausflugsgasthof Jägerhaus bekommt man gute Hausmannskost und Spezialitäten vom Zeburind aus eigener Aufzucht.

33 Die Bregquelle

Ein außergewöhnliches Streitobjekt

Wenn man die Furtwanger nach dem Ursprung der Donau fragt, ist alles klar: »Oben bei der Martinskapelle entspringt die Breg, und die ist der längste Zubringer der Donau!«, antworten sie im Brustton der Überzeugung. Schließlich gilt ganz offiziell diejenige Quelle als Ursprung eines Flusses, die am weitesten von der Mündung entfernt liegt. Ein bronzenes Schild dokumentiert diese Behauptung, eine Informationstafel in unmittelbarer Nähe liefert schriftliche Argumente.

Die Donaueschinger sind bezüglich des Standortes des Donauursprungs vollkommen anderer Meinung. Sie beanspruchen den Besitz der Donauquelle eindeutig für sich, schließlich waren schon die Römer gleicher Meinung wie sie. Buchstäblich untermauert wird ihre Argumentation durch ein beeindruckendes Denkmal, erbaut um 1900, auf dem ebenfalls eine Tafel behauptet, dass sich hier die Donauquelle befinde. Zudem steht einen Kilometer östlich am Zusammenfluss von Brigach und Breg nochmals ein Denkmal. Ab diesem Punkt heißt das Gewässer erst Donau, also ist hier auch der Donauursprung, argumentiert eine dritte Gruppe.

Um endgültige Klarheit über die wahre Quelle der Donau zu erhalten, riefen die Kontrahenten 1984 das »hohe und grobgünstige« Narrengericht in Stockach an, das folgenden klugen Urteilsspruch verkündete: »Der Streit um die Donauquelle ist viel zu schön, als daß er durch ein närrisches Urteil für alle Zeiten beendet werden dürfte.«

Wunderschön ist die Umgebung der Bregquelle. Umringt von alten Schwarzwaldhöfen entspringt ein kleines Rinnsal aus dem Gestein im Wald unterhalb des Gasthauses Kolmenhof. Die Einrichtung dieses Gasthofs ist urgemütlich, die Speisekarte reichhaltig und der Wirt ein Unikum, ein Prachtexemplar von einem Schwarzwälder. Gegenüber steht auf einer Anhöhe die Martinskapelle, deren Innenausstattung ganz im Sinne einer ehrlichen Volksfrömmigkeit gestaltet ist.

Adresse Kolmenhof, Neuweg 11, 78120 Furtwangen im Schwarzwald, Tel. 07723/93100 | **Anfahrt** in Furtwangen von der Bismarckstraße (B 500) in Höhe des Gasthauses Arche auf die Katzensteige (K 5750) abbiegen, nach circa 5 Kilometern links auf den Neuweg abbiegen. Nach etwa 3 weiteren Kilometern erreicht man den Kolmenhof. | **Tipp** Oberhalb der Bregquelle führt der Schwarzwald-Westweg vorbei. Die Wanderung zum Aussichtsturm Brend ist bequem und dauert etwa 45 Minuten. Dort gibt es ebenfalls zwei Einkehrmöglichkeiten und zahlreiche Parkplätze im Gegensatz zur Bregquelle. Empfehlung: Von Furtwangen aus zum Brend fahren und von dort zu Fuß zur Bregquelle.

34 Das Museum »Arche«

Außen Schwarzwald, innen 50er-Jahre-Charme

Ein Nierentisch und hellgrüne Kunstledersessel mit dünnen Beinen, dazu ein mehrgeschossiger Blumenständer und ein Röhrenradio, an dem man mit Hilfe eines Drehknaufs Sender und Lautstärke einstellen konnte – die Möbel aus den 50er Jahren machten den Charme der Gästezimmer in der Arche aus.

Dazu stand in der Ecke der Gastwirtschaft ein elektrisches Klavier, aus dem dank eines Lochstreifens die unterschiedlichsten Musikstücke ertönten. Bis 1977, als die »Bob-Martha«, wie man die Wirtin Martha Fleig liebevoll nannte, altershalber aufhörte, blieb die Einrichtung der »Arche« unverändert. Kein Wunder, dass die Übernachtungsgäste ihr bis zum Ende treu blieben. Dieser Gasthof bot Abwechslung vom üblichen Hotelzimmereinerlei.

Zurück blieb ein Gasthof, dessen Äußeres sich in seiner jahrhundertealten Geschichte wenig verändert hatte. Im Inneren bot das historische Gasthaus neben einer gemütlichen Wirtsstube und den original eingerichteten Gästezimmern aus der Wirtschaftswunderzeit einen umfassenden Einblick in die Lebensweise früherer Zeiten.

Fast 30 Jahre dauerte es, bis der testamentarische Wunsch der ehemaligen Besitzerin, ihr Haus als Museum weiterzuführen, in Erfüllung ging. Dank großzügiger Spenden aus der Bevölkerung sowie Zuschüssen der Stadt und aus dem Leader-Programm konnte der Furtwanger Geschichts- und Heimatverein den Umbau zu einem Museum in Angriff nehmen. In unzähligen Arbeitsstunden machten freiwillige Helfer aus dem sanierungsbedürftigen Gebäude ein wahres Schmuckstück, auf das nicht nur der Heimatverein, sondern ganz Furtwangen heute sehr stolz ist. Sonntags treffen sich Einheimische und Auswärtige in der Arche, um dieses Haus mit seinem ganz besonderen Charme samt den halbjährlichen wechselnden Ausstellungen zu besichtigen. Anschließend sitzt man gern in der Gaststube zusammen, besonders dann, wenn »Schorsch« seine legendäre Donauwelle gebacken hat.

Adresse Katzensteigstraße 1, 78120 Furtwangen | **ÖPNV** vom Bahnhof Villingen Bus 61 nach Furtwangen, Haltestelle Bismarckstraße / Luisenstraße | **Anfahrt** B 500, Teilstück Bismarckstraße auf Einbahnstraße stadteinwärts; die Arche liegt direkt an der Abzweigung zur K 5730 (Katzensteigstraße) | **Öffnungszeiten** So 14–17 Uhr | **Tipp** In Furtwangen ist sonntags auch die Besichtigung des deutschen Uhrenmuseums sehr zu empfehlen: Es befindet sich in der Gerwigstraße 1.

35 Das Krokodil in der Donau

Größte Gefahr für Leib und Leben

Was unterscheidet das Ungeheuer von Loch Ness vom Donaukrokodil? Das Donaukrokodil ist häufig zu sehen, die Existenz des Loch-Ness-Ungeheuers ist immer noch nicht nachgewiesen.

Das Donaukrokodil hat ungewöhnliche Ausmaße. Sein aus dem Wasser ragender Kopf hat schon die Länge von acht Metern. Man kann deshalb von einer Gesamtlänge von mindestens 35 Metern ausgehen. Normalerweise liegt es einen Kilometer abwärts von Beuron in der Mitte des Flussbetts und wartet geduldig, bis ihm ein Leckerbissen vor das Maul kommt. Dabei kommt ihm seine exzellente Tarnung zugute. Es bedeckt sich mit allerlei Gewächsen und Flusskies, die Wasservögel gehen auf ihm arglos spazieren und bauen sogar ihre Nester auf seiner Nase. Doch kommen sie zu nahe an sein riesiges Maul, schnappt es zu. Dabei bilden Wasservögel wie Enten, Graureiher oder Schwäne nur einen Teil der Nahrung. Die Fische schwimmen ihm sogar direkt ins Maul, es braucht es nur ganz leicht zu öffnen.

Unser Krokodil lebt hier wie im Schlaraffenland. Kein Wunder, dass es so groß und stark ist. Vermutlich hätte das Tier auch mal Appetit auf einen Kanufahrer. Doch eine solche Möglichkeit ist ihm nicht gegönnt, da das Kanufahren auf diesem Streckenteil aus Naturschutzgründen untersagt ist. Auf diese Weise ist einerseits den Forderungen der Naturschützer Genüge getan, andererseits verschont es die Rettungsdienste vor der Suche nach plötzlich verschwundenen Kanuten.

Wenn Hochwasser herrscht, ist das Krokodil in seinem Element! Dann hat es genügend Wassertiefe, um unterzutauchen und sein Revier zu erweitern. Es schwimmt dann zwischen dem klösterlichen Wasserkraftwerk und dem Jägerhaus hin und her und freut sich, dass es mal wieder seine Gliedmaßen bewegen kann. Sobald jedoch der Pegel der Donau wieder sinkt, kehrt es an seinen Stammplatz zurück und wartet vergnügt auf den nächsten Leckerbissen.

Adresse Geheim. Am leichtesten und vollkommen ungefährdet entdeckt man das Donaukrokodil von der Aussichtsplattform auf dem Rauhen Stein bei 78597 Irndorf aus. Von hier aus kann man beim Blick auf die Donau in Richtung Beuron den Kopf des Tieres deutlich erkennen. | Anfahrt von B 311 nach Neuhausen ob Eck, weiter auf L 440 und L 277 über Fridingen Richtung Beuron, 4,5 Kilometer hinter Fridingen auf K 8214 nach Irndorf abbiegen, auf der K 5902 durch den Ort, in die Kirchstraße einbiegen und dann weiter bis Sportheim und Wanderheim (ausgeschildert) | Tipp Wer beim Anblick des Tieres Hunger bekommt, kann diesen im dahinterliegenden Wanderheim stillen. Krokodilfleisch steht aber nicht auf der Speisekarte. Anschrift: Wanderheim, Rauher Stein 1, 78597 Irndorf.

36 Die Kapuzinerklause

Unerwartete Begegnung

Sie ist wirklich schwer zu finden, die Eremitage im ehemaligen englischen Garten unterhalb des Wartenberger Schlösschens. Nur ein kleines Schild am Beginn eines schmalen Trampelpfades weist auf diese Kuriosität hin. Von dem Charakter eines englischen Gartens ist nichts mehr zu merken, vielleicht entdeckt ein Experte noch die eine oder andere exotische Baumart. Der letzte Mammutbaum jedenfalls fiel im Jahre 1999 dem Sturm Lothar zum Opfer.

Nach etwa 200 Metern zu Fuß steht man plötzlich vor einem eigenartigen quadratischen Holzgebäude mit Zeltdach und einem kleinen Glockenturm. Der Eingang ist durch ein großzügiges Vordach geschützt, das auch einer größeren Wandergruppe Schutz vor Wind und Wetter bietet. Der Eingangsbereich und auch die restliche Außenwandgestaltung sind mit aus Rinde gefertigten Elementen der Kirchenbauarchitektur geschmückt. Besonders reizvoll sind die angedeuteten gotischen Spitzbogen und die runden, gucklochförmigen Fenster mit kunstvollem Rindenrand.

In dieser Kapelle, von Anfang an als Eremitage bezeichnet, wohnte nie ein Einsiedler, sondern sie war Teil eines Lustgartens, den die adligen Herren von Fürstenberg am Ende des 18. Jahrhunderts anlegen ließen.

Von den Tempelchen, Statuen und sonstigen Spielereien, die zu einem barocken Garten gehörten, blieb nach der Zerstörung durch napoleonische Truppen nur die Eremitage übrig.

Aber nicht nur die äußere Gestaltung ist bei diesem Holzhaus ungewöhnlich. Wer nach vorheriger Anmeldung in das dunkle Innere geht, erlebt eine besondere Überraschung. Hinter einem Tisch sitzt eine Mönchsgestalt, die es im wahrsten Sinne des Wortes in sich hat. Mehr darf man dazu nicht verraten. Der Schwarzwaldverein Geisingen hat dieses Denkmal in vielen freiwilligen Arbeitsstunden vor dem Verfall gerettet und verhilft dem neugierigen Besucher dadurch immer wieder zu einer kurzen Schrecksekunde.

Adresse Wartenberg, 78187 Geisingen | **Anfahrt** A 81 Abfahrt Geisingen, auf der Hauptstraße in Geisingen kurz vor dem Ortsausgang Richtung Bad Dürrheim links Richtung Wartenberg abbiegen. 80 Meter, bevor das Anliegersträßchen von Geisingen her an der Schlosspforte endet, führt diskret ausgeschildert ein schmaler Pfad gegenüber dem Ökonomieteil des Wartenberghofs in den Wald. Nach etwa 100 Metern steht auf einer kleinen Lichtung die Klause. | **Tipp** Unterhalb des Wartenbergs in westlicher Richtung liegt der Unterhölzer Wald, ein Naturschutzgebiet mit seltenem Baumbestand.

37 Der Erzstollen

Glückauf in der Baar

Als nach dem Ersten Weltkrieg Elsass-Lothringen mit seinen riesigen Erzvorkommen zu Frankreich kam, war Deutschland gezwungen, nach neuen Fördergebieten Ausschau zu halten. Bei Probebohrungen in der Baar stieß man im Bereich des braunen Jura, genannt Dogger, auf ein vier Meter dickes Flöz, in dem man 400 Millionen Tonnen abgelagertes Eisenerz vermutete. Voller Elan begann man 1930 mit der Einrichtung eines Bergwerks im Südwesten von Gutmadingen, nachdem der badische Staat die Abbaurechte vom Hause Fürstenberg erworben hatte. Bereits im Jahre 1931 bauten 30 Beschäftigte insgesamt 12.000 Tonnen ab. Doch schon 1932 wurde die Erzgewinnung wegen Unrentabilität wieder eingestellt. Die Qualität des Erzes war zu schlecht, der Weltmarktpreis für Eisen lag wegen der Wirtschaftskrise am Boden. Die in der Baar geförderten Eisenerze hatten zwei große Nachteile. Erstens lag ihr Eisengehalt bei 20 Prozent, das lothringische Erz hatte 35 Prozent und das schwedische sogar 60 Prozent. Zweitens erforderte der hohe Kieselsäuregehalt des Roherzes vor der Verhüttung eine aufwendige Behandlung.

Trotzdem erlebte der Bergbau 1936 in Gutmadingen eine unerwartete Renaissance. Hitler ordnete ohne Rücksicht auf Rentabilität die konsequente Ausbeutung aller innerdeutschen Rohstoffvorkommen an. 1938 förderten 133 Bergmänner 172.000 Tonnen Erz. Zum Abtransport erhielt der Bahnhof Gutmadingen ein gesondertes Gleis, und im benachbarten Neudingen legte man sogar den Grundstein für ein eigenes Hüttenwerk. Doch 1943 wurde die Erzförderung abrupt, dieses Mal endgültig, eingestellt. Der hohe Kohlebedarf bei der Verhüttung war angesichts der kriegsbedingten Rohstoffverknappung nicht mehr zu rechtfertigen.

Übrig geblieben ist heute der imposante Stolleneingang und unweit davon das Lagerhaus für das Sprengmaterial. Außerdem stehen am Ortausgang noch Häuser, die für die Bergleute in den 30er Jahren erbaut wurden.

Adresse 78187 Geisingen-Gutmadingen | ÖPNV von Tuttlingen Bahnhof mit IRE und Bus 46 nach Gutmadingen, Haltestelle Ecke Alemannenstraße / Hangstraße | Anfahrt Von der B 31/33 hinter Geisingen auf die K 5943 links nach Gutmadingen abbiegen. Etwa 300 Meter nach dem Ortsausgang Richtung Neudingen führt bei der zweiten Abfahrt links ein Sträßchen steil den Berg hoch. Die erste Querstraße überqueren und den Weg 150 Meter bei sehr starker Steigung weiterverfolgen. Nach der zweiten Querstraße zu Fuß auf einem Holzabfuhrweg weiter bergauf und nach 200 Metern in den Wald eintreten. Nach weiteren 200 Metern öffnet sich eine Lichtung mit dem Bergwerkseingang. | Tipp In Gutmadingen gibt es ein Feinschmeckerrestaurant, Anschrift: Scheune Restaurant Mundart, Schulstraße 3/1, 78187 Geisingen-Gutmadingen.

38 Die Josefskrippe

Wo Josef den drei Weisen einen Drink spendiert

Wenn es nach der Bibel ginge, wäre der heilige Josef, Ziehvater Jesu, ein Heiliger aus der zweiten Reihe. Textstellen im Neuen Testament, in denen er erwähnt wird, finden sich spärlich. Dabei hatte er es nicht einfach in seiner Rolle als Ziehvater von Jesus. Durch eine nächtliche Erscheinung erhält er den Auftrag, die sehr junge Maria, die nach Aussagen eines Engels vom Heiligen Geist geschwängert worden war, zu sich zu nehmen. Sehr erfreut war er darüber nicht, denn in damaliger Zeit war das eine höchst prekäre Angelegenheit! Noch zweimal erscheint ein Engel dem Josef: Zuerst wird er zur Flucht nach Ägypten aufgefordert, später befiehlt ihm der Engel die Rückkehr in die Heimat.

Den wenigen biblischen Textstellen entsprechend steht Josef in wörtlichem Sinn auch in den meisten Weihnachtskrippen im Schatten des Geschehens. Er schaut oft hinter Maria stehend mit leerem Blick auf das im Stroh liegende Jesuskind, seine Gedanken scheinen woanders zu sein.

Ganz anders verhält es sich in der Josefskrippe des 1937 geborenen peruanischen Künstlers Raul Castro. In Castros Krippe wird Josef zu einem Hauptdarsteller: Im Stall liegt Maria nach der Geburt erschöpft darnieder, während er das Kind in den Armen wiegt. Den Weisen aus dem Morgenland kredenzt er ein Getränk zur Begrüßung. Auch auf der Flucht nach Ägypten trägt Josef das Kind auf dem Arm, Maria schleppt das Gepäck.

Die Krippenfiguren Castros können die lateinamerikanische Herkunft ihres Meisters nicht verleugnen. Die Kunst der Inkas übt einen großen Einfluss auf den Schöpfer der Figuren aus. Überdimensionale Hände und Füße verleihen den Tonfiguren große Ausdruckskraft, sie fordern zum Nachdenken auf.

Die Krippe mit ihren 14 Stationen spricht besonders Männer an, bietet sie doch einen Blick auf das Weihnachtsgeschehen aus sehr männlicher Perspektive.

Adresse Kloster Heiligkreuztal, Am Münster 11, 88499 Heiligkreuztal, Tel. 07371/18641, E-Mail: kloster-heiligkreuztal@stefanus.de | ÖPNV von Riedlingen Kirchstraße Bus 390 nach Heiligkreuztal, Haltestelle Stefanusgemeinschaft | Anfahrt B 311 Ulm-Tuttlingen, Abfahrt Riedlingen auf B 312 | Tipp Auf dem Klostergelände gibt es ein Restaurant und einen Klosterladen mit großem Buchangebot.

39 Die Heuneburg

Eine tote Fürstin geht auf Reisen

Für die Bewohner der Gemeinde Herbertingen war es ein Spektakel, für die Mitarbeiter der Transportfirma eine ungeheure Herausforderung: Die Bergung und der Abtransport des Fürstinnengrabes unweit des Keltenmuseums Heuneburg. Ende Dezember 2010 wurde das Grab als gigantischer Block mit Hilfe von Schwerlastkranen gehoben und in ein Labor bei Ludwigsburg abtransportiert. Der Block hatte eine Größe von 7,5 mal 6 Metern und wog rund 80 Tonnen.

Geschützt vor Wind und Wetter nehmen seitdem Archäologen den Klotz Zentimeter für Zentimeter unter die Lupe. Peinlichst genau halten sie die Position jedes noch so kleinen Fundstücks fest. Nur so können sie später Rückschlüsse auf Beerdigungsrituale sowie auf die soziale Stellung der bestatteten Personen ziehen.

Der Aufwand hat sich schon jetzt gelohnt. Obwohl der Klotz noch nicht komplett erforscht ist, ist jetzt schon klar, dass es sich hier um das reichste keltische Frauengrab handelt, das je gefunden wurde. Zur Grabausstattung gehören sechs filigran verzierte Goldkugeln, Perlen und Gewandspangen aus Gold, wertvoller Bernsteinschmuck, Pelze, Textilien und zahlreiche Holz- und Bronzeobjekte. Rätsel über ihre Funktion geben reich verzierte Eberzahntrophäen auf. Die Untersuchungen der Holz- und Knochenreste haben ergeben, dass die Frau etwa im Jahre 570 vor Christus im Alter von 35 Jahren gestorben ist. Ein Geheimnis zu lüften gilt es auch bezüglich einer weiteren weiblichen Person, die man in dem Grab entdeckt hat. Sie ist ohne jegliche Grabbeigaben beigesetzt worden. Handelt es sich vielleicht um eine Magd, die ihrer Herrin bei deren Tod ins Grab folgen musste?

Die Umgebung der als Freilichtmuseum wieder erbauten Heuneburg, die vor 2600 Jahren als das Machtzentrum der Kelten im südwestdeutschen Raum galt, steckt heute noch voller archäologischer Geheimnisse, die sehnsüchtig auf ihre Ausgrabung warten.

Adresse Freilichtmuseum zwischen 88518 Herbertingen-Hundersingen und 88521 Ertingen-Binzwangen | **ÖPNV** Ab Bahnhof Herbertingen verkehrt ein Rufbus. Der Fahrplan samt Telefonnummer für die Anmeldung der Fahrten ist bei www.naldo.de unter dem Minifahrplan Linie 419 abrufbar. | **Anfahrt** über die B 311 (Ulm-Donaueschingen) und die B 32 (Ravensburg-Hechingen), die Abfahrt liegt zwischen Herbertingen und Mengen und ist gut ausgeschildert | **Öffnungszeiten** April–Okt. Di–So, Feiertage 10–17 Uhr | **Tipp** Der Besuch des Freilichtmuseums ist Voraussetzung für das Kennenlernen der keltischen Kultur. Die archäologischen Ausgrabungen im Umfeld des Museums finden sporadisch statt. Beachten Sie die Absperrungen. Zusätzlich gibt es in Herbertingen-Hundersingen ein Keltenmuseum, Anschrift: Binzwanger Straße 14, 88518 Herbertingen-Hundersingen.

40 Das Baptistle

Mit Narrenwitz gegen das Fasnetsverbot

Einem Narren die Fasnet zu verbieten ist genauso schlimm, wie einem anderen Menschen das Essen und Trinken zu untersagen. So war auch der Hüfinger Schneider Baptist Mog untröstlich, als um das Jahr 1800 im Herrschaftsgebiet der Fürstenberger die Fasnet wegen eines Trauerfalls am Hofe verboten wurde. In seiner Not begab er sich zum Hüfinger Amtmann und bat ihn, wenigstens während der Fasnet im Häs, also im Narrengewand, zum Fenster hinausschauen zu dürfen. Das genehmigte ihm der hohe Herr gnädig, nicht ahnend, dass er auf eine List des Schneiders hereingefallen war. Denn dieser hängte kurzerhand sein Fenster aus, schlug eine Scheibe ein und stülpte sich den Rahmen über den Kopf. So »verkleidet« begab er sich auf die Straße und erfreute Jung und Alt mit seinen Narrensprüchen. Dokumentiert wurde diese Anekdote 50 Jahre später vom Hüfinger Dichter Lucian Reich in seinem Buch »Hieronymus«.

Das Baptistle, wie man liebevoll den Schneider Mog bezeichnete, ist in Hüfingen mittlerweile zur Kultfigur geworden. Alljährlich zieht die wichtigste Figur der Hüfinger Fasnet mit einem Fensterrahmen um den Hals als Erznarr durch das Hüfinger Städtle und verkündet wie sein Vorgänger seine Narrensprüche.

Seit 1990 steht hinter dem Rathaus ein Denkmal für dieses Hüfinger Unikum. Der Hüfinger Künstler Michael Mayer hat es im Rahmen eines Ideenwettbewerbs »Kunst am Bau« anlässlich des Rathausneubaus geschaffen. Die Skulptur aus Edelstahlrundstäben will die Beziehung dieser Figur zur heutigen Zeit darstellen und die Obrigkeit daran erinnern, dass man die Fasnet nicht so leicht verbieten kann.

Einen Narren, der mit dem Fenster um den Hals durch die Straßen läuft, gibt es übrigens auch in Radolfzell. Vermutlich ist seinem Vorgänger das gleiche Schicksal wie in Hüfingen zugestoßen, und er hat sich auf dieselbe Weise zur Wehr gesetzt. Eine andere Vermutung wäre reine Hypothese.

Adresse Hauptstraße 18, 78183 Hüfingen | ÖPNV vom Busbahnhof Donaueschingen mit Bus 7259 nach Hüfingen-Mitte | Anfahrt Beim Bundesstraßenkreuz B 31/33 Abfahrt Hüfingen in die Schaffhauser Straße, auf dieser weiter bis in die Ortsmitte (Hauptstraße), dort Pkw-freundliches Parken. Das »Baptistle«-Denkmal befindet sich vor dem Hintereingang des Hüfinger Rathauses. | Tipp Hüfingen hat eine Innenstadt mit schönen historischen Bauten, zwei Museen und Cafés. Außerhalb der Stadt ist eine römische Badruine ebenfalls als Museum zu besichtigen.

41 Der Bücherwald

Lesestoff an der Bushaltestelle

»Ich hab nichts zu lesen!« Diese Ausrede gilt in Hüfingen nicht mehr, denn es gibt mitten im Städtchen eine Tag und Nacht geöffnete Ausleihstelle, kostenlos und immer gut bestückt.

Forstverwaltung, Bauhof und die Lucian–Reich-Schule griffen eine Idee der städtischen Wirtschaftsförderin auf und installierten in der Hauptstraße direkt neben der Bushaltstelle ein öffentliches Bücherregal. Dieses Regal besteht aber nicht wie üblich aus Brettern, sondern aus drei dicken, etwa 250 Zentimeter hohen Baumstämmen. In das Holz wurden Baumfächer eingelassen, in denen weit mehr als 100 Bücher Platz haben. Plexiglasklappen schützen den Inhalt vor Nässe und Verschmutzung.

Und wie funktioniert die Ausleihe? Jeder, dem ein Buch gefällt, darf es kostenlos herausnehmen, lesen und danach, wenn er will, wieder hineinstellen oder auch behalten. Für den Nachschub sorgen die Benutzer selbst. Wer ein Buch zu Hause entbehren kann, der stellt es in den Bücherwald. Und das Prinzip funktioniert bestens. Krimis, Klassiker, Romane, Kinder-, Jugend- oder Sachbücher, alle Buchsparten sind vorhanden, und die Hohlräume in den Bäumen sind stets gut gefüllt. Manche Buchspender finden fast keinen Platz mehr zur Unterbringung ihrer Bücher.

Das Projekt hat gleich einen mehrfachen Nutzen: Neben der Stärkung von Lesekompetenz macht es die Bürger auch auf die Möglichkeit der Wiederverwendung von Dingen des Alltags aufmerksam. Bürger jeden Alters realisieren, dass man auch ohne Geld sich gegenseitig helfen und eine Freude machen kann, ohne wirklich selbst auf etwas verzichten zu müssen. Solch eine Einrichtung schafft ein wohltuendes Gemeinschaftsgefühl. Der Beweis für das Funktionieren des Experiments ist bereits geliefert: Der Bücherwald ist auch im vierten Jahr seines Bestehens noch gut bestückt und bis jetzt kein einziges Mal mutwillig beschädigt worden. Kompliment!

Adresse Hauptstraße, 78183 Hüfingen | ÖPNV vom Busbahnhof Donaueschingen mit dem Bus 7259 nach Hüfingen, Haltestelle Rathaus | Anfahrt Beim Bundesstraßenkreuz B 31 / 33 Abfahrt Hüfingen in die Schaffhauser Straße, auf dieser weiter bis in die Ortsmitte (Hauptstraße), dort Pkw-freundliches Parken. Der Bücherwald steht unweit vom Rathaus direkt neben der Bushaltestelle. Einen weiteren Bücherwald gibt es im Aquari-Familienbad. | Tipp Hüfingen ist berühmt für seinen Fronleichnamsteppich. Der Fronleichnamsumzug führt über einen kilometerlangen, kunstvoll gestalteten Blumenteppich.

42__Das Schulmuseum

Kindheitserinnerungen

Man spürt die Anspannung, die in der Unterklasse der Volksschule Hüfingen in diesem Moment herrscht. Die Mädchen sitzen mit langen Röcken und Schürzen, die Buben mit kurzen Hosen und Leinenhemden in den engen Bänken und warten auf den Lehrer. Die Tür geht auf, und streng blickend betritt ein schwarz gekleideter Herr den Schulsaal. Wie auf ein Kommando spritzen die Kinder auf und begrüßen den Schulmeister mit einem einstimmigen »Guten Morgen Herr Lehrer«. »Setzen!«, befiehlt der Schulmeister und artig legen die Kinder die Hände auf die Schulbank, damit der Lehrer die Sauberkeit der Fingernägel kontrollieren kann. Er geht durch die Bankreihen und kontrolliert mit scharfem Blick nicht nur die Sauberkeit der Hände und Fingernägel, sondern auch das Vorhandensein und den Zustand der Taschentücher. Schnell bemerkt er, dass der Kleine aus der hintersten Bank mit dem kecken Gesicht weder gewaschen noch gekämmt noch im Besitz eines gewaschenen Taschentuchs ist. Sofort verabreicht der Lehrer dem Jungen zwei Tatzen als Strafe.

Was sich anhört wie Schulunterricht vor hundert Jahren, findet tatsächlich auch noch im Jahre 2016 im Hüfinger Schulmuseum statt. Allerdings werden die Tatzen nur zum Schein verabreicht, und die Kleidung der Schüler ist nicht immer so stilecht. Oft sind die Besucher auch in fortgeschrittenem Alter, denn das Thema »Schule von damals« ist bei Senioren ebenfalls beliebt. Im weiteren Verlauf der Schulstunde dürfen die Schüler auch noch das Schreiben mit Griffel und Schiefertafel ausprobieren, und zwar in Sütterlinschrift, was Älteren oft besser gelingt als Jüngeren.

Das Schulmuseum bietet neben Unterricht von damals auch eine reichhaltige Ausstellung von Unterrichtsmaterialien, strukturiert aufbereitet nach Unterrichtsfächern und großzügig in hellen Räumen präsentiert. Allein diese Ausstellung ist einen Besuch wert.

Adresse Bahnhofstraße 10 78318 Hüfingen | ÖPNV Busbahnhof Donaueschingen mit Bus 7277 nach Hüfingen Bahnhof | Anfahrt Bundesstraßenkreuz B31/33 Abfahrt Hüfingen | Öffnungszeiten Sonn- und Feiertage 14–17 Uhr Schulstunden und Führungen sind auch außerhalb der Öffnungszeiten buchbar Tel. 0771/600924 | Tipp Besuch des Familienbads »Aquari« in der Hohenstr. 18.

43 Die Ex-Stadt

Ein Opfer der Gemeindereform

Sie wäre die kleinste Stadt Baden-Württembergs, wenn sie nicht bei der großen Gemeindereform 1971 Teil der Gemeinde Hüfingen geworden wäre und dadurch das Stadtrecht juristisch verwirkt hätte. Trotzdem ist es den Fürstenbergern nicht zu verdenken, dass ihnen ein gewisser städtischer Stolz geblieben ist, wenn auch der Charakter des Ortes eindeutig dörflicher Natur ist, was durch die intensive landwirtschaftliche Duftnote unterstrichen wird.

Der Ort am Rande der Baar kann auf eine spannende, wechselvolle Geschichte zurückblicken. Eigentlich stammt der Name des Ortes vom gleichnamigen Berg Fürstenberg. Die Grafen von Urach verlegten ihren Wohnsitz auf diesen 917 Meter hoch gelegenen Bergrücken und nannten sich fortan Fürstenberger. Sie bauten diesen Ort zu einer ansehnlichen Stadt mit Mauern, Marktrecht und einer stattlichen Burganlage aus. Von Norden und Süden führten mehrere Straßen bis vor das Stadttor. Trotz ihrer Wehrhaftigkeit wurde die Stadt im Bauernkrieg gestürmt, im Dreißigjährigen Krieg wurde sie komplett zerstört. Die Adeligen zogen nach Donaueschingen, es blieben nur noch etwa 50 Menschen in der Stadt zurück. Im Jahre 1841 wurde das Städtchen nach einem Großbrand unbewohnbar. Die Bewohner verließen den Ort und bauten ihre Häuser an einem tiefer liegenden Platz wieder auf.

Heute zählt der Ort nicht ganz 400 Einwohner. Ein Brunnen ziert den zentralen Dorfplatz, eingerahmt von Kirche, Rathaus und Gasthaus. Im modern geführten Kindergarten können Kinder schon ab dem zweiten Lebensjahr aufgenommen werden. Der Gasthof »Rössle« ist ein bekanntes Feinschmeckerrestaurant, in dem auch gerne die Prominenz einkehrt.

Fürstenberg ist auch Wohnsitz eines berühmten deutschen Malers der Gegenwart. Das ganz besondere Licht der Baar schätzt er genauso, wie andere große Maler das Licht der Toskana oder der Provence geliebt haben.

Adresse 78183 Hüfingen-Fürstenberg, Anschrift Hotel Gasthof zum Rössle: Zähringerstraße 12, 78183 Hüfingen-Fürstenberg, Tel. 0771 / 60010 | **ÖPNV** von Donaueschingen Busbahnhof Bus 7277 bis Haltestelle Fürstenberg | **Anfahrt** auf der B 27 Richtung Blumberg, etwa sechs Kilometer nach dem Bundesstraßenkreuz links auf K 5745 Richtung Fürstenberg abbiegen | **Tipp** Probieren Sie mal im Rössle das nach Jahreszeit wechselnde Menü. Sie werden vom Geschmack und vom Preis-Leistungs-Verhältnis begeistert sein.

44 Das Betriebsgebäude

Prozessfolgen

Während man dem Streit der Städte Furtwangen und Donaueschingen um das alleinige Anrecht auf die Donauquelle durchaus humoristische Züge abgewinnen kann, war der Kampf um das Wasser der Donau unterhalb der Donauversickerung sehr ernst. Es ging um die wirtschaftliche Existenz der betroffenen Orte.

In der Mitte des 19. Jahrhunderts stellten die Möhringer und Tuttlinger fest, dass ihre Donau immer weniger Wasser führte, weil sie flussaufwärts einfach im Bett versickerte. Im Jahre 1874 verschwand die Donau das erste Mal komplett. Die Folge war, dass in den unterhalb der Versickerungsstellen liegenden Ortschaften die Mühlen nicht mehr arbeiten konnten, die Gerber ihre Felle nicht gewässert bekamen und die Donau sich im Tuttlinger Stadtgebiet in eine übel riechende Kloake verwandelte. Eine erste Maßnahme bestand darin, die Versickerungsstellen einfach zu verstopfen. Das Wasser der Donau floss wieder, wenigstens für kurze Zeit. Gleichzeitig schüttete die 15 Kilometer weiter südlich gelegene Aachquelle auffallend weniger Wasser in den Aachtopf. Der Verdacht, beim Wasser der Aachquelle könnte es sich um das Wasser der Donau handeln, erhärtete sich bald durch einen breit angelegten Salzungs- und Färbeversuch.

Nun ging es darum, eine Lösung zu finden, wie allen betroffenen Nutzern der Donau ausreichend Wasser bereitgestellt werden könnte. Jahrzehntelang wurde gestritten, bis der Staatsgerichtshof im Jahre 1927 ein Urteil dazu fällte. Darin wurde detailliert festgelegt, welche Wassermenge dem jeweiligen Nutzer bei unterschiedlichem Pegelstand zusteht. Erst im Jahre 1963 wurde das Urteil umgesetzt. Zu diesem Zweck musste zwischen Immendingen und Möhringen ein Umleitungsstollen durch den Berg getrieben werden. Zur Regulierung der Wassermenge wurde ein Wehr gebaut, dessen komplizierte Regulierungsmechanik in einem eigens dafür errichteten Betriebsgebäude untergebracht ist.

Adresse B 311 zwischen Immendingen und Möhringen | Anfahrt aus Richtung Tuttlingen kommend 200 Meter vor dem Immendinger Ortsschild | Tipp Die eindrucksvollste Stelle der Donauversickerung, auch als Donauversinkung bezeichnet, liegt an der K 5929 zwischen Tuttlingen-Möhringen und Hattingen. Direkt unterhalb der Eisenbahnbrücke ist ein Parkplatz mit ausführlichen Informationstafeln angelegt.

45 Der Krater Höwenegg

Dem Deponieschicksal knapp entronnen

Um ein Haar wäre der Platz heute eingeebnetes Deponiegelände. Doch dank des Widerstandes der Bevölkerung und der Naturschutzverbände blieb uns dieses außergewöhnliche Naturschauspiel erhalten. In sattem Smaragdgrün liegt der Kratersee in schwindelerregender Tiefe, steil steigen an seinem Rand dunkelgraue, 80 Meter hohe Basaltfelsen empor. In ihren Nischen und Löchern nisten Kolkraben und Wanderfalken. Rund um den Rand des Kraters wachsen seltene Pflanzen, die von der wärmenden Strahlung des Basaltgesteins profitieren. Acht Jahrzehnte wurde hier Tuff und Basalt abgebaut, hauptsächlich für den Straßen- und Gleisbau. Nachdem 1936 beim Einsturz eines Stollens erste Fossilien zutage kamen, entdeckte man in den 50er Jahren bei gezielten Grabungen mehrere komplette Skelette, unter anderem auch das des Hipparions, des dreizehigen Urpferds. Dieser Fund galt als sensationell, war er doch der weltweit älteste Fund dieser Tierart.

Die Skelette der vor etwa 12 Millionen Jahren lebenden Tiere geben einen interessanten Einblick in die Tierwelt des als Tertiär bezeichneten Zeitalters. Zu dem damaligen Kratersee kamen außer dem Urpferd auch Antilopen, Nashörner, Elefanten, Hyänen und Säbelzahntiger, um zu trinken. Weiterhin wurden Reste der Wasserfauna gefunden: Schildkröten, Krabben und Fische. Neben Tier- und Pflanzenresten kann man am Krater auch seltenste Mineralien entdecken. Nebenbei kann man am Krater auch seltene Mineralien wie das Amicit entdecken, das nur hier bislang gefunden wurde.

Im Immendinger Heimatmuseum steht eine Nachbildung des Hipparionskeletts, außerdem kann man dort auf einem Gemälde das komplette Szenario an Tieren und Pflanzen um den damaligen Vulkan entdecken. Wer sich ausführlicher mit den Funden aus dem Krater Höwenegg beschäftigen will, dem bieten das Rosensteinmuseum in Stuttgart und die fürstenbergischen Sammlungen in Donaueschingen eine reiche Auswahl an Originalfunden.

Adresse 78194 Immendingen-Gundelhof | **ÖPNV** vom Bahnhof Immendingen Buslinie 45, Haltestelle Gundelhof | **Anfahrt** Am Ende der Ortsdurchfahrt Immendingen Richtung Tuttlingen von B 311 auf die L 225 Richtung Engen / Hattingen, nach etwa vier Kilometern Abzweigung rechts mit Hinweisschild Gundelhof. Dort gibt es linker Hand einen Wanderparkplatz. Zu Fuß geht es weiter bis zum Gundelhof, wo der Rundwanderweg Höwenegg beginnt. | **Tipp** Wer Freude an geologischen Knochenfunden hat, kann sich sowohl im Heimatmuseum Immendingen (momentan im Umbau) als auch im Museum Auberlehaus in Trossingen über Saurierskelette informieren.

46 Das Augustiner-Chorfrauenstift

Beten hinter Gittern und gärtnern hinter Mauern

Die letzte Nonne starb hier vor über 150 Jahren, doch um die Mauern weht förmlich noch der Hauch jahrhundertealter Frömmigkeit. Dank einer gelungenen Sanierung des ganzen Komplexes hat man das Gefühl, dort jederzeit noch einer Nonne begegnen zu müssen.

Das im Jahre 1354 von zwei Bürgerstöchtern gegründete Stift war jahrhundertelang ein Ort der Meditation, der Wissenschaft und geistlicher Musik. Dank guter finanzieller Ausstattung konnten es sich die Töchter des Adels und des gehobenen Bürgertums leisten, viele Stunden des Tages mit Gebet und Studien in der umfangreichen Bibliothek zu verbringen. Um dabei nicht abgelenkt zu werden, war der nur den Nonnen vorbehaltene Bereich, die Klausur, strikt von der Außenwelt getrennt. Eine 900 Meter lange und vier Meter hohe Mauer um das gesamte Gelände verhinderte jeglichen Blick nach drinnen und draußen.

Somit gehörte auch der weiträumige Garten zum Innenbereich des Klosters. Lediglich die Kirche, die von Nonnen und den Gläubigen des Dorfes gemeinsam bei Gottesdiensten benutzt wurde, hätte zumindest einen Blickkontakt zwischen den frommen Frauen und den Bürgern ermöglichen können. Doch dies wusste man durch den Bau einer eigenen Nonnenempore mit direktem Zugang zur Klausur zu verhindern. Der Blick von der Empore in das Kirchenschiff wurde durch ein dichtes, sehr kunstvolles Gitter verwehrt. Die unzähligen floralen Ornamente dieser Abtrennung sind allerdings nicht geschmiedet, sondern wurden von fleißigen Ordensschwestern aus Draht, Papier, Leim und Holz in einjähriger Arbeit hergestellt.

Heute ist in den Gemäuern des ehemaligen Klosters ein Volkshochschulheim untergebracht. Der Klostergarten wird von einer Gruppe von Kräuterliebhabern liebevoll gepflegt und ist einen Besuch wert.

Adresse Parkweg 3, 72514 Inzigkofen | **ÖPNV** von Bahnhof Sigmaringen mit Bus 50 bis Haltestelle Bahnhof Inzigkofen | **Anfahrt** von Sigmaringen kommend von der B 313 in die Römerstraße in Inzigkofen einbiegen und Ort durchqueren, fast am Ende des Ortes in die Kirchstraße einbiegen und bis zum Ende fahren | **Tipp** Ein kleines Museum im Klosterareal informiert über die Geschichte des Klosters, Öffnungszeiten: jeden 1. und 3. Sonntag im Monat von 14–17 Uhr.

47 Der Felslehrpfad

Schwindelfreiheit wird vorausgesetzt

Klettern im Donautal ist ein herausforderndes Hobby, manchen macht es regelrecht süchtig. An schönen Sommerabenden kann man die Bergsteiger von unten oder von der gegenüberliegenden Seite des Tals aus beobachten, wie sie scheinbar spielerisch die senkrechten Felswände erklimmen. Viele dieser Felsen haben den höchsten Schwierigkeitsgrad. Die Namen Schaufelsen, Rabenwand, Hölle und Ebinger Turm sind für Donautalkletterer genauso Musik in den Ohren wie K 2 und Nanga Parbat für Himalaya-Fans.

Aber die Kletterei wird seitens der Naturschützer zunehmend kritisch beäugt. Aus deren Sicht werden seltene Vögel bei ihrer Brut und Jungvogelaufzucht erheblich gestört. Um das Jahr 1995 drohte im ganzen Donautal ein umfassendes Kletterverbot. Das löste wiederum heftige Proteste der Bergsteiger aus. Doch die Vertreter der Naturschutzverbände und des Klettersports setzten sich zusammen und rangen zäh um eine einvernehmliche Lösung. Herausgekommen ist ein gelungener Kompromiss, der den Interessen beider Kontrahenten gerecht wird. Jetzt gibt es klare Abmachungen, wo und wann im Donautal geklettert werden darf.

Um vor allem Anfänger unter den Bergsteigern für die ganz spezielle Problematik dieser Felsenwelt zu sensibilisieren, wurde am Aussichtsfels ein Felslehrpfad eingerichtet. Unweit vom Bahnhof Inzigkofen befindet sich der Einstieg am Ende eines großen Parkplatzes. Eine große Tafel informiert ausführlich über Route, Geologie, geschützte Flora und Regeln für naturverträgliches Besteigen der Felsen. Der Lehrpfad ist auch für ungeübte Bergsteiger begehbar und bietet die Gelegenheit, auf einer kurzen Kletterstrecke verschiedenste Felsformationen auszuprobieren.

Voraussetzung für eine Besteigung des Aussichtfelsens ist jedoch immer Schwindelfreiheit, richtige Ausrüstung, Kenntnisse im Klettern und Sichern und für Anfänger am besten die Begleitung durch einen erfahrenen Bergsteiger.

Adresse 72514 Inzigkofen | **ÖPNV** von Bahnhof Sigmaringen mit Bus 50 bis Haltestelle Bahnhof Inzigkofen, etwa ein Kilometer Fußmarsch donauaufwärts | **Anfahrt** Von B 32 oder B 313 auf die L 277 Richtung Beuron. Der Felslehrpfad Aussichtsfels liegt direkt an der L 277 einen Kilometer westlich vom Bahnhof Inzigkofen. Beiderseits der Straße gibt es großzügige Parkplätze direkt neben dem Einstieg. | **Tipp** Wer von der Besteigung des Aussichtsfelsens noch nicht müde genug ist, kann noch den Dreiecksfelsen in unmittelbarer Nachbarschaft in Angriff nehmen. Näheres unter felsinfo.alpenverein.de.

48 Die Teufelsbrücke

Dem Satan ein Schnippchen geschlagen

Der Name dieser Brücke bezieht sich auf eine Sage, die sich um den Bau dieses waghalsigen Bauwerks im Amalienpark unterhalb des ehemaligen Klosters Inzigkofen rankt: Als im Jahre 1843 Fürst Karl von Hohenzollern seinem Baumeister den Auftrag zum Bau der Brücke über die 20 Meter tiefe Schlucht mit dem vielsagenden Namen »Höll« erteilte, erwiderte dieser: »Die soll von mir aus der Teufel bauen, aber nicht ich!« Sofort erschien der Teufel und versprach, die Brücke zu bauen, unter der Bedingung, dass die Seele des Geschöpfes, das als Erstes über die Brücke ging, ihm gehöre. Der Baumeister war mit dem Handel einverstanden. Als die Brücke fertig war, jagte man einen räudigen Hund über sie und betrog so den Teufel um seinen Lohn.

Die Entstehung des Parks und der Brücke ist eng verbunden mit der Lebensgeschichte der Fürstin Amalie Zephyrine von Hohenzollern (1760–1841). Die in Paris aufgewachsene, lebensfrohe Dame hielt es nach ihrer Hochzeit nicht lange in Sigmaringen aus und flüchtete wieder nach Paris, wo sie gute Beziehungen zum Hofe Ludwigs XVI. und später zur Gattin Napoleons, Joséphine de Beauharnais, unterhielt. Die Verbindung zum Hause Napoleon rettete dem Fürstentum Hohenzollern letztendlich die politische Existenz.

Erst 1808 kehrte sie nach Sigmaringen zurück, wohnte aber zuerst noch von ihrem Gemahl getrennt in Krauchenwies, um sich von dort aus in Inzigkofen standesgemäß einzurichten. Das Amtsgebäude des früheren Chorfrauenstifts wurde zu einem Landschlösschen umgestaltet. Zur Donau hin ließ Amalie einen Landschaftspark im englischen Stil anlegen.

Dieser Park bietet auch heute noch dem Besucher mit seiner Allee, der Steinwiese, der Teufelsbrücke und dem Aussichtspunkt Känzele ein wahrhaft fürstliches Gartenambiente. Der damals sehr beliebten Fürstin Amalie wurde nach ihrem Tode im Bereich des Parks ein senkrecht in die Donau fallender Fels gewidmet.

Adresse Parkweg, 72514 Inzigkofen | **ÖPNV** von Bahnhof Sigmaringen mit Naldo Bus 102 nach Inzigkofen, Haltestelle Römerstraße | **Anfahrt** von Sigmaringen kommend von der B 313 in die Römerstraße in Inzigkofen einbiegen und den Ort durchqueren, fast am Ende des Ortes in die Kirchstraße einbiegen und bis zum Ende fahren | **Tipp** Im ehemaligen Kloster ist ein Volkshochschulheim untergebracht, das eine große Auswahl an mehrtägigen Kursen mit Übernachtung anbietet.

49 Die Ruine mit Burghöhle

Schaurige Vergangenheit

Trotzig und gut erhalten steht er heute noch da, der Bergfried der Ruine Dietfurt, kühn auf einem aus der Donau ragenden Felsen erbaut, und die Vermutung liegt nahe, dass sich in den fast 1000 Jahre alten Gemäuern schreckliche Dinge zugetragen haben. Doch in den Quellen über die Geschichte der Burg Dietfurt mit ihren ständig wechselnden adeligen Besitzern ist derlei nicht zu finden.

Viel spannender ist die Geschichte der unter der Ruine befindlichen Höhle. Seit mehr als 12.000 Jahren wurde sie regelmäßig als Wohn- und Kultplatz benutzt. Bei Archäologen gilt sie als wahre Schatzgrube. Neben den üblichen Waffen- und Werkzeugfunden entdeckte man auch einen merkwürdig präparierten Schädel, der etwa aus dem Jahre 10.000 vor Christus stammt. Am Schädelknochen befinden sich Schnittspuren, die auf eine Skalpierung hinweisen. War der Verstorbene Opfer einer kriegerischen Auseinandersetzung? Oder war das Skalpieren Teil eines Totenkultes, bei dem der Schädel konserviert werden sollte? Die Wahrheit bleibt im Dunkeln.

Nicht ganz im Dunkeln, aber bei Kerzenlicht spielten sich hier seit 1929 die rituellen Handlungen des Neutemplerordens ab. In regelmäßigen Abständen trafen sich die Mitglieder dieser Sekte, ähnlich wie der Ku-Klux-Klan, zu sogenannten schwarzen Messen. Gründer und geistiger Kopf dieser stark rassistisch, antisemitisch und frauenfeindlich angehauchten Bewegung war ein ehemaliger Mönch, der sich selbst Reichsgraf Dr. Joseph Adolph Lanz von Liebenfels nannte. Seine Schriften begeisterten den jungen Adolf Hitler so sehr, dass er in seinem Buch »Mein Kampf« viel von Lanz' Gedankengut einfließen ließ. Die Neutempler bauten die Höhle zum Kultraum um, mit einem riesigen Kronleuchter in der Mitte und einer Steinplatte mit schalenartiger Vertiefung, die als »Altar« diente.

Burgruine und Höhle sind heute im Besitz der Bergwacht Sigmaringen, welche die Höhle betreut.

Adresse 72514 Inzigkofen-Dietfurt, www.bergwacht-sigmaringen.de. Die Höhle ist für die Öffentlichkeit nicht zugänglich, Besichtigungen sind nach Rücksprache mit der Bergwacht möglich. | ÖPNV von Bahnhof Sigmaringen mit Bus 50 bis Haltestelle Dietfurt | Anfahrt von B 313 in Vilsingen auf K 8209 abzweigen | Tipp Direkt neben der Ruine liegt das Gasthaus Mühle mit Pension. Sehr gut gelegen für Donauradler, Kanuten und Kletterer.

50 Der Felsengarten

Ausschließlich für Überlebenskünstler

Wer einen Garten anlegt, bemüht sich, seinen Pflanzen die bestmöglichen Bedingungen für ihr Gedeihen zu bieten: Guten Boden, windgeschützte, sonnige Lage und genügend Wasser. Einige Liebhaber der Pflanzen- und Tierwelt des Donautals gingen genau den entgegengesetzten Weg. Sie legten ihren Garten an einem möglichst unwirtlichen Platz an, denn ihre Schützlinge benötigten exakt diese Voraussetzungen, um gedeihen zu können.

Anlass für die Anlage dieses Biotops war der ständig schwelende Interessenskonflikt zwischen Tourismus und Naturschutz. Auf der einen Seite sollen Gäste sich im Donautal bewegen und die Natur genießen dürfen, auf der anderen Seite befürchten die Naturschützer Schäden an der hochsensiblen Flora und Fauna des Donautals.

Zu Beginn des Projekts sammelten die Initiatoren Samen seltener Blumen und Gräser im Felsgestein des Donaudurchbruchs. Im Botanischen Garten der Universität Tübingen wuchsen daraus unter wissenschaftlicher Aufsicht fertige Pflanzen. Als geeigneter Platz für den Felsengarten bot sich ein bewaldetes Grundstück an der nördlichen Abbruchkante der Alb in der Nähe des Eichfelsens an. Nach der Rodung wurden unter Anleitung der Fachleute aus Tübingen Felsbrocken gesetzt, Wege angelegt und die wertvollen Setzlinge eingepflanzt. Seit der Einweihung im Jahre 2000 kümmern sich engagierte Bürger aus Irndorf und Umgebung um die Erhaltung der Anlage und das Wohlergehen der Pflanzen. Die Grundschule Irndorf hat eine Patenschaft für den Garten übernommen. In einem Schaukasten stellen die Kinder in den Sommermonaten ihre Blume des Monats vor.

Mittlerweile ist der Felsengarten ein Geheimtipp für Pflanzenkenner und -liebhaber geworden. Ohne sich in Gefahr zu begeben, können sie Blumen wie die Küchenschelle und die Sandschaumkresse und Tiere wie den Weichkäfer bewundern, die sonst nur an schwer zugänglichen Stellen leben und gedeihen.

Adresse Felsengarten, 78597 Irndorf | **Anfahrt** Von B 311 nach Neuhausen ob Eck, weiter auf L 440 und L 277 über Fridingen Richtung Beuron, 4,5 Kilometer hinter Fridingen auf K 8214 nach Irndorf abbiegen, im Ort von der Hauptstraße auf der Eichfelsenstraße bis zum Eichfelsenparkplatz, von dort etwa 800 Meter auf dem Wanderweg zuerst zum Eichfelsen und dann 200 Meter nach Westen zum Felsgarten | **Tipp** Vom Eichfelsen hat man den berühmten Postkartenblick ins Donautal.

51 Der Mähwettbewerb

An die Sense, fertig, los

Wer den Mähwettbewerb besucht, dem kommt schon am Dorfrand eine Geräuschkulisse zu Ohren, die eigentlich längst der Vergangenheit angehört. Es ist der unverwechselbare Klang, wenn der Wetzstahl im schnellen Rhythmus die Sense schärft, Musik in den Ohren derer, die gerne in alten Erinnerungen schwelgen. Doch schnell wird man in die heutige Zeit zurückgeholt, wenn eine riesige Blechlawine auf die kleine Gemeinde am Rande des Donautals zurollt. Denn der Mähwettbewerb zieht Heerscharen von Neugierigen an, die wissen wollen, wer in diesem Jahr die goldene Sense gewinnt.

Die Autokennzeichen auf dem Parkplatz weisen eindeutig auf einen internationalen Wettbewerb hin. Nicht nur aus der benachbarten Schweiz und aus Österreich, sondern bis aus dem Baskenland kommen die Teilnehmer angereist.

Man sieht es den Naturburschen an, dass sie nicht das erste Mal die Sense in der Hand halten. Für manchen von ihnen gehört das Mähen mit der Sense noch heute zum Arbeitsalltag, da seine Wiesen zu steil für jede noch so geländegängige Mähmaschine sind. Diese Mähprofis müssen sich allerdings mittlerweile mit Amateuren messen, die sich Mähen als ihre Sportart ausgesucht haben und diese auf eine Weise trainieren, als ob es damit bei der nächsten Olympiade eine Medaille zu holen gäbe.

Wenn das Startzeichen für die Aktiven erklungen ist, schwirren die Sensen nur so über die Wiese, gilt es doch, den Weltrekord, der für eine 42 Quadratmeter große Wiese unter einer Minute liegt, zu brechen. Etwas gemächlicher geht es bei den Promis, den Senioren und den Kindern zu, die entsprechend ihrer Leistungsfähigkeit ein kleineres Stück zu bearbeiten haben. Letztendlich siegt doch für Aktive und besonders für die Zuschauer der Spaß über den Ernst. Nach getaner Mäharbeit oder anstrengendem Zuschauen sitzt man gerne noch im Festzelt zusammen, um bei zünftiger Blasmusik den angestauten Durst zu löschen und die gute Platzierung zu feiern.

Adresse Eichfelsenstraße 22, 78597 Irndorf | Anfahrt von B 311 nach Neuhausen ob Eck, weiter auf L 440 und L 277 über Fridingen Richtung Beuron, 4,5 Kilometer hinter Fridingen auf K 8214 nach Irndorf abbiegen, auf der K 5902 durch den Ort bis zur Gemeindehalle | Tipp In einer Wettkampfpause beim »Rauhen Stein« nach dem Donaukrokodil (siehe Seite 78) Ausschau halten und von dort aus zum Eichfelsen und zum Felsengarten wandern.

52 Die Märzenbecherblüte

Wandererwecker

»Sind sie schon draußen?« ist im März die meistgestellte Frage der Frischluft- und Naturbegeisterten in der Region Tuttlingen und Sigmaringen. Damit meinen sie aber nicht die Tische und Stühle der zahlreichen Straßencafés, sondern die Märzenbecher, die in einem Seitental der Donau schlagartig zu Millionen aus der Erde sprießen. In dieser Zeit ist die Dame in der Telefonzentrale im Rathaus Mühlheim nicht zu beneiden. Sie gilt als die amtliche Auskunftsstelle für die aktuellen Blütenzustandsmeldungen der schon lange erwarteten Blütenpracht.

Sobald aus dem Mühlheimer Rathaus das erlösende »Ja« kommt, werden die Wanderstiefel aus dem Winterschlaf erweckt und begleiten ihre Eigentümer zu einem gemeinsamen Ziel, in das Hintelestal zwischen Mühlheim und Fridingen.

Wer sich in die Wanderkarawane einfädelt und nach zwei Kilometern am Anfang des Trockentales mit seinem lichten Buchenbestand und den schroffen Hängen steht, dem offenbart sich ein außerordentliches Naturschauspiel. Der gesamte Waldboden ist so dicht und gleichmäßig mit den kleinen, 15 Zentimeter hohen weißen Blumen übersät, dass man vermutet, es hätte über Nacht frisch geschneit. Die sonst so selten in der freien Natur vorkommenden Märzenbecher aus der Familie der Amaryllisgewächse entwickeln sich hier auch im Einzelnen besonders prächtig. Die manchmal als Frühlingsglockenblumen oder großes Schneeglöckchen bezeichneten Gewächse werden hier ungewöhnlich hoch und besitzen prallvolle, mit grünen Spitzen verzierte Kelche.

Offensichtlich fühlen sie sich an diesem Standort besonders wohl und stören sich nicht im Geringsten an ihren Bewunderern, die sie auf dem Bauch liegend und mit Hilfe teurer Kameraausrüstung möglichst vorteilhaft ablichten wollen. Als Dank dafür lassen die Besucher ansonsten die Pflanzen in Ruhe und halten sich an die Wege, man entdeckt sehr selten eine zertretene Blume.

Adresse Das Hintelestal gehört zur Gemarkung Kolbingen, ist aber von Mühlheim und Fridingen aus besser zu erreichen. | **ÖPNV** von ZOB Tuttlingen mit SBG Bus 50 nach Bahnhof Mühlheim oder Fridingen, anschließend dem Donauradweg folgen | **Anfahrt** von B 311 oder B 14 in Tuttlingen auf die L 277 nach Mühlheim, dort auf die L 443 Richtung Kolbingen, am Ortsende in die Altstadt bis zum Friedhofsparkplatz, etwa 2 Kilometer Richtung Fridingen auf dem Donauradweg, an einer Kuppe steht ein Hinweisschild Richtung Hintelestal | **Tipp** 250 Meter nach dem Friedhof Mühlheim Richtung Hintelestal steht eine Aussichtsplattform mit Blick auf das Biberrevier.

53_Die Stefanshöhle

Märchenwelt in Tropfsteinform

Stefan hieß er! Jedermann vermutet, dass er die Höhle entdeckt und erforscht und deswegen dieses Meisterwerk der Natur seinen Namen erhalten hat. Doch Stefan war nur ein armer Kerl und Gelegenheitsdieb, der mangels eines Daches über dem Kopf in dieser Höhle hauste.

Heute wohnen hier nur noch Fledermäuse, die während der Sommermonate regelmäßig Besuch von Geologen und Touristen bekommen. 200 Meter tief kann man in die Felsenwelt des Weißjuras eindringen, 96 Meter davon sind für den Besucher zugänglich. Treppen, Geländer und elektrische Beleuchtung sorgen dafür, dass der Gast ungefährdet die zahlreichen Stalaktiten und Stalagmiten, zu Deutsch die Decken- und Bodenzapfen, bewundern kann. Die Höhle betritt man durch ein imposantes Felsentor. Für die Führungen hat man den einzelnen Höhlenräumen und Steinformationen phantasievolle Namen gegeben, oft aus der Sagenwelt entliehen. Vom ersten Saal, dem sogenannten »Stephansdom«, gelangt man durch einen schmalen Gang zur eigentlichen Tropfsteinhöhle. »Felsenstube«, »Arkadenhof« und »Maurisches Schlößchen« heißen die Stationen der Haupthöhle, bevor man im schönsten Teil der Höhle die »Gralsburg« und das »Sagenschloss« betritt. Hier versetzen wunderschöner Tropfsteinschmuck, zierliche Sinterröhrchen und mächtige Stalagmiten den Besucher in eine steingewordene Traumlandschaft. Beim Verlassen der Höhle erwartet einen ein überwältigender Blick in die Felsenlandschaft des Donautals.

Höhlenforscher entdecken bei ihren Erkundungen im nicht zugänglichen Teil der Höhle immer wieder neue Gänge und Räume. Knochenfunde von Bären beweisen, dass sie schon zu Urzeiten von Tieren als Rückzugsort benutzt wurden.

Der örtliche Albverein sorgt nicht nur für Führungen und die Begehbarkeit, sondern bewirtschaftet auch während der Öffnungszeiten oberhalb der Höhle eine urgemütliche Blockhütte.

Adresse Stefanshöhle, 78600 Kolbingen | **Anfahrt** Von B 311 oder B 14 in Tuttlingen auf die L 277 nach Mühlheim, dort auf die L 443 Richtung Kolbingen, im Kolbinger Ortszentrum Richtung Mehrzweckhalle abbiegen. Dort sind schon Hinweisschilder zum Höhlenparkplatz. Von dort sind es zu Fuß noch etwa 500 Meter. | **Öffnungszeiten** ab Karfreitag bis zum letzten Wochenende im Okt. Sa 13–17 Uhr, So, Feiertage 10–17 Uhr, Anmeldung von Gruppen momentan bei Frau Marion Zisterer, Tel. 07463 / 990156 oder per E-Mail an wochentags@kolbinger-hoehle.de | **Tipp** Von Fridingen und Mühlheim führen mehrere schöne, aber steile Wanderwege zur Höhle. Einkehrmöglichkeit in der Höhlenhütte oder in Kolbingen »Steinhaus«.

54__Der ehemalige Bahnhof

Restauriert und stillgelegt

Wenn es nach den Ausmaßen des Bahnhofs ginge, müsste der Ort Krauchenwies einstmals sehr bedeutend gewesen sein. War er auch, denn selbst bei der Durchfahrt entdeckt man schon Gebäude und Grünanlagen, die überhaupt nicht zum ländlichen Charakter des sonstigen Ortes passen. Da lugt hinter Gestrüpp ein Schloss hervor, das verwunschener nicht daliegen könnte, im Ortszentrum lockt ein im klassizistischen Stil erbautes Rathaus mit beachtlichen Ausmaßen, und selbst der ehemalige Marstall mit seinen imposanten Pferdeskulpturen versetzt den Durchreisenden in Erstaunen.

Krauchenwies hatte seine Blütezeit in der zweiten Hälfte des 19. Jahrhunderts. Als Fürst Karl Anton von Hohenzollern im Jahre 1872 beschloss, die dortige Schloss- und Parkanlage als Sommerresidenz zu nutzen, zog das eine umfangreiche Bautätigkeit nach sich. Schließlich wollte der amtierende Landesherr seine hohen Gäste standesgemäß empfangen. Dazu war auch ein stattliches Bahnhofsgebäude erforderlich, lag doch der Ort zudem noch an einem Bahnverkehrsknotenpunkt.

Zwei Jahre nach der Einweihung, am 10. Juli 1875, erlebte der Bahnhof seinen größten Tag: Seine Majestät Kaiser Wilhelm I. beehrte den Bahnhof durch seine »allerhöchste Anwesenheit«, wie eine Gedenktafel neben dem Bahnhof heute noch verkündet.

Bis zur Stilllegung des Personenverkehrs in den 1960er Jahren hielten auf den sechs Gleisen zahlreiche Züge. Heute fährt noch zweimal täglich ein Gütertransport an dem vorbildlich restaurierten Bauwerk vorbei. In den Seitenflügeln befinden sich mittlerweile Büroräume und Privatwohnungen. Das einstige Empfangsgebäude dient als Galerie für zeitgenössische Kunst, der Wartesaal als Wohnzimmer, der Fahrkartenschalter als Büro. Wo früher Fahrgäste in den Zug stiegen, wächst jetzt eine hohe Hecke, damit die neuen Nutzer beim Mittagstee auf der Terrasse von den Abgasen der vorbeifahrenden Diesellok verschont bleiben.

Adresse 72505 Krauchenwies | **ÖPNV** von Sigmaringen Bahnhof Bus 103 und von Mengen Bahnhof Bus 416 bis Haltestelle Krauchenwies Bahnhof | **Anfahrt** direkt an der B 311, Ortsausgang Richtung Meßkirch | **Tipp** Krauchenwies besitzt an der Landstraße nach Sigmaringen ein schönes Strandbad an einem sehr großen Baggersee mit gesondertem FKK-Bereich (im Internet kundig machen).

55 Der fürstliche Park

Ein Kaiserstuhl auf dem Fürstensitz

Die Gestaltung von Gärten ordnet sich dem Zeitgeist ebenso unter wie die Mode, die Architektur und die Malerei. Im Barock wurde die Natur nach dem Vorbild von Versailles in exakte geometrische Formen gezwungen. Am Ende des 18. Jahrhunderts kam aus England ein Gartenstil in Mode, der die bis zu diesem Zeitpunkt geltenden Regeln der Gartenbaukunst auf den Kopf stellte. Gärten sollten die Schönheit der Natur widerspiegeln, sie sollten begehbare Landschaftsgemälde sein. Gruppen mit exotischen Baumarten wechselten sich jetzt mit Wiesen, Bächen und kleinen Seen ab. Geschickt geplante Sichtachsen, die auch das Umland einbezogen, ermöglichten weite Ausblicke. Teehäuser, Tempelchen und Eremitagen luden zum Verweilen ein, Skulpturen und Denkmäler dienten der geistigen Erbauung.

Erbprinz Karl von Hohenzollern, der seit 1808 in Krauchenwies wohnte, begann 1828 mit dem Bau eines neuen Schlosses, des sogenannten Landhauses. Im Zuge dessen wurde auch ein englischer Garten angelegt. Neben Bäumen aus dem eigenen Forst wurden Exoten wie Silberahorn, Pappel und Platane gepflanzt. Der durch den Park fließende Andelsbach wurde gestaut, damit ein kleiner See entstand. Gewundene Spazierwege gewährten dem Besucher immer wieder neue Durchblicke und Landschaftsansichten.

Wenn der Fürst in Krauchenwies Gäste empfing, wurde der Park zur Kulisse für Theater- und Konzertaufführungen. Aus Anlass des Besuchs Kaiser Wilhelms mit seiner Frau Auguste im Jahre 1875 wurde an einem besonders schön gelegenen Wiesenplatz ein Denkmal in Form eines Sitzplatzes eingerichtet. Das Denkmal heißt heute Kaiserstuhl, die Wiese davor Augustawiese.

Alljährlich findet hier seit 1966 im Juli das von der Musikkapelle Krauchenwies veranstaltete Parkfest statt. Fester Bestandteil des Programms ist immer der Auftritt des Hausherrn Karl Friedrich von Hohenzollern mit seiner Jazzcombo »Charly and the Jivemates«.

Adresse Sigmaringer Straße, 72505 Krauchenwies. Der offizielle Eingang zum Park befindet sich in der Sigmaringer Straße. Um zum Kaiserstuhl zu kommen, benutzt man das Parktor an der Straße nach Sigmaringen, 250 Meter vom Ortsschild entfernt. Nach dem Tor rechts auf dem geschlungenen Parkweg etwa 300 Meter weitergehen. Dort steht das Denkmal am Ende einer Wiese. | **ÖPNV** Bus 7391 Krauchenwies-Stockach, Haltestelle Josefslust | **Anfahrt** am Ortsende von Krauchenwies auf L 456 Richtung Sigmaringen abbiegen, nach 300 Metern kleiner Parkplatz vor dem Tor zum Park | **Tipp** Unmittelbar in der Nähe des Kaiserstuhls stehen zwei Schlösser. Das alte Schloss ist unbewohnt und renovierungsbedürftig. Das neue, als Landhaus bezeichnete Schloss bietet einen schönen Anblick, wird aber privat von Teilen der fürstlichen Familie bewohnt.

56 Die Globusmanufaktur

Globusse für den ganzen Erdball

So manche Weltreise begann mit einem Globus, der schön verpackt unter dem Weihnachtsbaum stand. Es ist ein ganz besonderes Gefühl, die ganze Welt in den Händen zu halten und dann mit den Fingern auf Reise zu gehen.

Globusse werden seit 500 Jahren hergestellt, und die größeren Exemplare der Globusmanufaktur Columbus werden auch heute noch nach dem gleichen Verfahren wie damals angefertigt. Bis so ein edles Stück im Verkaufsraum steht, ist es durch viele kunstfertige Hände gegangen. Bei den hochwertigsten Exemplaren wird die Kugel sogar von Mund geblasen, 51 Zentimeter ist der größtmögliche Durchmesser. Die Kugel wird mit zwölf bedruckten, orangenschalenförmigen Papiersegmenten beklebt. Diese Tätigkeit nennt man Kaschieren, und sie wird nur von wenigen Menschen weltweit beherrscht, denn die Segmente müssen millimetergenau und faltenfrei auf die Kugel aufgebracht werden.

Die Bereitstellung des geografischen Kartenmaterials ist dank der Satellitentechnik heute einfacher geworden, bei den politischen Grenzen muss sich der Verlag immer wieder veränderten Gegebenheiten anpassen. Die deutsche Vereinigung hat dem Verlag sogar beinahe das Genick gebrochen, da niemand mehr Globusse mit dem geteilten Deutschland brauchte. Auch gibt es die Anekdote von den pakistanischen Zöllnern, die einen Lkw mit Globussen nicht passieren ließen, da sie mit dem eingezeichneten Verlauf ihrer Staatsgrenze nicht einverstanden waren. Erst nach einer manuellen Korrektur jedes einzelnen Globusses mittels Filzstift erlaubten sie die Weiterfahrt.

Neben den in Handarbeit hergestellten Globussen produziert die Fa. Columbus auch preiswerte Globusse in hohen Stückzahlen. Dabei werden zwei Globushälften aus Kunststoff hergestellt und zusammengepresst. Die Firma Columbus, mittlerweile geführt vom Urenkel des Firmengründers, stellt jährlich etwa 100.000 Globusse her und gilt als Weltmarktführer.

Adresse Columbus Verlag Paul Oestergaard GmbH, Am Bahnhof 2, 72505 Krauchenwies, Tel. 07576/96030, Führungen nach Absprache | ÖPNV Die nächsten Bahnhöfe sind Mengen und Sigmaringen; von dort regelmäßiger Busverkehr direkt zum Bahnhof Krauchenwies. | Anfahrt Direkt an der B 311 Ortsausgang Richtung Meßkirch. Die Firma liegt schräg gegenüber vom Bahnhof. | Tipp Das Backhaus Mahl, Hauptstraße 9, bietet Kaffee und Kuchen sowie etliche Frühstücksvarianten zu sehr kundenfreundlichen Preisen.

57_Das Zuckergässle

Rettung für den Zuckerhasen

Er war ernsthaft vom Aussterben bedroht, der Zuckerhase. Geht man heute vor Ostern durch die süße Abteilung der Supermärkte, sucht man vergeblich nach dem roten Langohr aus rot gefärbtem Zucker, der früher alle Osternester bevölkerte. Doch es gibt noch jemanden, der solche Leckereien herzustellen weiß: Wolfram Stehle. Er hat es sich zur Aufgabe gemacht, die alte Kunst der Zuckerhasenherstellung wieder zu beleben.

Lange hat er experimentiert, bis ihm ein Zuckerhase gelang, der in Konsistenz, Geschmack und Form seinen Vorstellungen entsprach. Und es hat in ihm die Leidenschaft für Zuckerwerk geweckt. Nach dem Erfolg seiner Zuckerhasen wagte er sich auch an die Bonbonherstellung. Aus einer handbetriebenen Bonbonmaschine Jahrgang 1880 rutschen mittlerweile seine »Himbeerzickerle«, die schon genauso berühmt sind wie seine Zuckerhasen.

Die süßen Kunstwerke entstehen direkt vor den Augen neugieriger Besucher, die bei jeder Veranstaltung einen ganzen Saal füllen. Während der Vorführungen von Wolfram Stehle kann man die einzelnen Arbeitsschritte der Zuckerhasenherstellung gut verfolgen. Wie vor 150 Jahren erhitzt ein offenes Feuer die mit Speisefarbe angereicherte Zuckermischung in einem Kupferkessel auf 150 Grad. Die rot glänzende Masse wird in die zweigeteilten Passformen abgefüllt, wobei der große Teil der Masse sofort wieder ausgegossen wird. Dadurch bleibt eine hohle, dünnwandige Form zurück. Die Form kann nur in einem bestimmten Stadium des Erkaltens geöffnet werden, da sonst entweder die Zuckermasse noch zu weich ist oder das Material sich schon mit dem Metall verbunden hat und beim Herausnehmen zerbricht.

Die Vorführungen werden jedes Mal für den Besucher zu einem unvergesslichen Erlebnis, denn Wolfram Stehle ist gleichzeitig ein ausgezeichneter Unterhalter, der seine Vorträge stets mit lustigen Kommentaren und Anekdoten würzt.

Adresse Wolfram Stehle, Hauptstraße 59, 88515 Langenenslingen, Tel. 07376/343 | **ÖPNV** von Riedlingen Kirchstraße Bus 390 nach Langenenslingen, Haltestelle Hauptstraße | **Anfahrt** von B 311 in Riedlingen auf die L 277 | **Tipp** Anmeldungen zu Vorführungen sind für Reisegruppen und Einzelpersonen ganzjährig möglich. Im Eingangsbereich des Saals werden die Erzeugnisse in nostalgischem Ambiente zum Verkauf angeboten. Ein kleines Museum zeigt Hunderte von verschiedenen Zuckerhasengießformen und andere Geräte zur Zuckerhasen- und Bonbonherstellung.

58 Das Jünger-Haus

Bücher, Büsten und 30.000 Käfer

Manchmal dachten die Bewohner des 400 Einwohner zählenden Dorfes Wilflingen schon, der Nabel der Welt zu sein. Grund dafür war das Haus Stauffenbergstraße 11. Dort wohnte der Schriftsteller und Philosoph Ernst Jünger. Regelmäßig landeten Hubschrauber und fuhren Staatskarossen vor. Kohl, Mitterand, Gonzales, Herzog und viele weitere Persönlichkeiten aus Politik und Kultur gaben sich regelrecht die Türklinke in die Hand.

Kein Wunder, denn Ernst Jünger war nicht nur einer der großen deutschen Schriftsteller und Philosophen des 20. Jahrhunderts, sondern auch ein sehr unterhaltsamer und interessanter Gesprächspartner. Seit dem Jahre 1951 wohnte er im ehemaligen Forsthaus der Stauffenbergs, bis 1960 mit seiner Frau Gretha, ab 1962 mit seiner zweiten Frau Liselotte Lohrer. Neben seiner schriftstellerischen Tätigkeit unternahm er zahlreiche Reisen in die ganze Welt. Dabei ging es ihm nicht nur um die Erweiterung seines geistigen Horizonts, sondern auch um die Vergrößerung seiner Käfersammlung. Im Laufe seines Lebens legte er ein Archiv mit mehr als 30.000 verschiedenen Käferarten an. Die akribisch präparierten Tiere steckte er mit Hilfe von Nadeln auf einen hellen Untergrund und bewahrte sie in verglasten Schubkästen auf, nachdem er sie vorher nach Familien sortiert und beschriftet hatte. Deswegen ist sein Name bei den Entomologen, den Käferkundlern, genauso bekannt wie in der deutschen Literaturgeschichte.

Nachdem Jünger im Februar 1998 im Alter von nahezu 103 Jahren verstorben war, ging sein Nachlass in eine Stiftung über. Dank dieser Stiftung kann man heute das Haus mit den originalen Möbeln, den Büchern und der Käfersammlung besichtigen, ergänzt durch ein Zimmer, das seinem Bruder Friedrich Georg gewidmet ist.

Bei einer Führung wird auch Jüngers Rezept für das Erreichen seines biblischen Alters verraten: Jeden Morgen ein Bad in einer mit eiskaltem Wasser gefüllten Badewanne.

Adresse Jünger-Haus, Stauffenbergstraße 11, 88515 Langenenslingen-Wilflingen, Tel. 07376/1333 | **ÖPNV** von Riedlingen Kirchstraße mit Bus 390 nach Langenenslingen-Wilflingen, Haltestelle Löwen | **Anfahrt** von B 311 oder B 312 in Riedlingen auf L 277 nach Langenenslingen und Wilflingen, in Ortsmitte beim Hotel Löwen auf Stauffenbergstraße abbiegen | **Öffnungszeiten** Mi–Fr 9–12 Uhr, Do, Fr 14–16 Uhr, So 13.30–16.30 Uhr sowie nach Vereinbarung. Während der Wintermonate sind die Öffnungszeiten verkürzt. | **Tipp** Direkt gegenüber dem Jünger-Haus liegt das Schloss des Freiherrn von Stauffenberg, Führungen nach Anmeldung, Tel. 07376/381.

59_Das Gasthaus zum Adler

Donauhecht und Porsche Diesel

Wer sich als Koch im weiteren Umkreis einen Namen machen will, der muss sich mit regionalen Produkten gut auskennen und sie phantasiereich auf den Tisch bringen. Da zur Regionalität auch noch die Saisonalität bei der Gestaltung der Speisekarte kommt, muss der Küchenchef sehr flexibel sein. Schließlich ist er bei der Beschaffung seiner Zutaten auf Waidmanns- und Petri Heil angewiesen. Weder einen Hecht aus der Donau noch ein junges Gämslein vom Donaufelsen kann man zwingen, sich an die Angel beziehungsweise vor die Flinte zu begeben. Darum wissen es die Stammgäste wohl zu schätzen, wenn sie Gamszicklein oder Donauhecht auf der Speisekarte entdecken.

Peter Veeser ist ein Koch wie aus dem Bilderbuch. Er sprüht regelrecht vor neuen Ideen, und wenn er übers Kochen redet, bekommt er schon mal leuchtende Augen, während dem Zuhörer das Wasser dabei im Munde zusammenläuft.

Wenn zum Beispiel die Zubereitung des Heuduftbratens vom Naturparkochsen einmal länger dauert, weil das Lokal brechend voll ist, wissen besonders die weiblichen Gäste, wie sie sich die Zeit bis zum Essen vertreiben. Sie verschwinden schnell in dem zum Haus gehörenden Café »Augenblicke«, das viele geschmackvolle Geschenk- und Dekorationsideen zum Kauf anbietet. Aber auch die Männer kommen hier auf ihre Kosten. Direkt neben dem Gasthaus präsentiert Senior Anton Biselli in einer Halle seine »Porsches«. Jeder weiß natürlich, dass es sich dabei um Dieseltraktoren mit 12 bis 15 PS und einer maximalen Geschwindigkeit von 25 Stundenkilometern handelt. Perfekt restauriert und hochglanzpoliert lassen sie das Herz jedes Oldtimerfans höherschlagen. Dass sich da mittlerweile ein benzingetriebener Nachfahre, Typ Carrera S, mit dreißigfacher PS-Zahl und zwölffacher Geschwindigkeit eingeschmuggelt hat, fällt fast gar nicht auf, hat er doch haargenau die gleiche schöne rote Farbe wie seine Vorfahren.

Adresse Gasthaus zum Adler, Kreuzbühl 1, 88637 Leibertingen, Tel. 07466/318 | ÖPNV von Meßkirch Adlerplatz Bus 641/667 nach Leibertingen, Haltestelle Dorfplatz | Anfahrt Von Meßkirch auf B 311/313 Richtung Sigmaringen, nach 2 Kilometern auf L 196 abbiegen, nach 4 Kilometern auf K 8217, 3 Kilometer weiter bis Leibertingen. Der Adler bildet das Ortszentrum. | Tipp Mit Kindern auf den Burgspielplatz bei der Burg Wildenstein fahren. Hier können sie nach Herzenslust Ritter und Burgfräulein spielen.

60_Der Hexenturm

Da gab es kein Entrinnen

Wie Nadeln ragen die Felsen des Donautals an manchen Stellen in die Höhe. Selbst für geübte Kletterer sind sie eine wahre Herausforderung. Umso unvorstellbarer ist es, dass Menschen im Mittelalter auf solchen Felsen Burgen errichtet haben. Doch wer für den Bau seines Wohnsitzes einen solchen Aufwand betrieb, musste einen triftigen Grund dafür gehabt haben.

Dem Geschichtsbuch ist zu entnehmen, dass die edlen Ritter oft unterwegs waren, um für ihren König zu kämpfen. Ihre Burgen bauten sie, um im Angriffsfall der Bevölkerung einen sicheren Rückzugsort zu garantieren. So weit das Schulbuch. Tatsache war jedoch, dass der Ritterstand im frühen Mittelalter oft in Armut geriet und viele Ritter sich ihren Unterhalt mit Raub und Erpressung verdienten. Um sich vor der Rache der Geschädigten schützen zu können, brauchten sie einen sicheren Rückzugsort. Die Felsennester im Donautal waren bestens dafür geeignet, sie waren praktisch uneinnehmbar.

Dass die Erbauer des Hexenturms, die »Wilden von Wildenstein«, Raubritter waren, ist nirgends belegt, obwohl der Name die Vermutung zulässt. Die Wildensteiner waren sogar ein aufstrebendes Adelsgeschlecht, das über Jahrhunderte hinweg hohes Ansehen genoss. Der sogenannte Hexenturm war ihr ursprünglicher Wohnsitz, der im 12. Jahrhundert entstand. Im 13. Jahrhundert begann der Bau der heutigen Burg Wildenstein, die man aber erst im 14. Jahrhundert bezog. Solange blieb der Hexenturm Wohnsitz der Wildensteiner.

Den Namen Hexenturm verdankt die Burgruine einer Sage. Sie soll während der Hexenverfolgung als Gefängnis der Hexerei bezichtigter Frauen aus der näheren Umgebung gedient haben. Vor einer Hinrichtung muss die baufällige Brücke zusammengebrochen sein, und die Angeklagten fanden anstatt des Todes durch Verbrennen den Hungertod. Wenig später soll die Burg durch einen Blitzschlag weitgehend zerstört worden sein.

Adresse 88637 Leibertingen, Burgparkplatz Wildenstein. Unterhalb des Parkplatzes die große Wiese diagonal überqueren. Im gegenüberliegenden Waldstück entdeckt man einen Pfad, der hinab zum Aussichtspunkt führt. Der Pfad ist nicht gesichert. Achtung: Absturzgefahr für Mensch und Tier! | **Anfahrt** von Meßkirch auf B 311/313 Richtung Sigmaringen, nach 2 Kilometern auf L 196 abbiegen, nach 4 Kilometern auf K 8217, 3 Kilometer weiter bis Leibertingen, dort auf der Wildensteinstraße weiter bis zur Burg | **Tipp** Der Wildenstein ist eine der schönsten Burganlagen Deutschlands. Der größte Teil der Burg ist zwar Jugendherberge, der Burghof ist jedoch frei zugänglich und der Weg dorthin durch die Wehranlagen sehr sehenswert.

61 Die Uhustation

Lautlose Jäger

Max, Moritz und Maja heißen die drei Prachtexemplare, sind drei bis vier Jahre alt und verstecken sich untertags am liebsten in ihren Schutzhäuschen. Gemeint sind die Uhus der Uhustation Wildenstein, die in einer Voliere mitten im Wald ein bewegungsarmes, aber bequemes Leben führen.

Der Uhu ist unsere größte Eulenart, er hat eine Spannweite von bis zu 160 Zentimetern und ein Gewicht von 2,5 Kilogramm. Er jagt am liebsten nachts und in der Dämmerung, Hörsinn und Sehvermögen sind besonders ausgeprägt. Das Körpergefieder zeigt eine hellbraune Farbe, unterbrochen durch dunkle Längs- und Querstreifen. Typisch für den Uhu sind vor allem seine spitzen Ohren und die großen orangefarbenen Augen, die man von Weitem leuchten sieht.

Der Uhu baut sich kein Nest, sondern legt seine Eier auf den Boden oder in Felsspalten. Nach dem Schlüpfen werden die jungen Uhus mehrere Monate von den Eltern versorgt, trotzdem übersteht nur ein Drittel der Brut das erste Jahr. Erst nach fünf Jahren sind Uhus geschlechtsreif, werden dafür aber im Durchschnitt 50 Jahre alt. In der Regel ernährt sich der Uhu von Mäusen, er wagt sich aber auch an größere und wehrhafte Tiere wie Katzen, Marder und Habichte.

Der imposante Nachtvogel mit dem lustigen lateinischen Namen Budo-Budo und dem wunderschönen Gefieder war vor 100 Jahren in weiten Teilen Europas ausgerottet. Dank professionell durchgeführter Auswilderungsprojekte ist er wieder in viele Gebiete zurückgekehrt, so auch vor 50 Jahren ins Donautal. Hier fand er ideale Lebensbedingungen und vermehrte sich prächtig, sodass man heute von einer stabilen Population sprechen kann. Die Uhus werden sogar mittlerweile zur Gefahr für die seltenen Wanderfalken, da sie sich gerne an deren Brut zu schaffen machen. Darum werden die Uhus in der Station auch nicht im Donautal ausgewildert, sondern hauptsächlich zu Zuchtzwecken gehalten.

Adresse 88637 Leibertingen | **Anfahrt** Von Meßkirch auf B 311/313 Richtung Sigmaringen. Nach 2 Kilometern auf L 196 abbiegen, nach 4 Kilometern auf K 8217, 4 Kilometer weiter bis Leibertingen, dort auf der Wildensteinstraße weiter bis zur Burg. Die Abzweigung zur Uhustation liegt gegenüber dem großen Burgspielplatz. | **Tipp** Vom Bahnhof Beuron aus zur Burg wandern. Der mittlere Weg unterhalb der Petershöhle ist am aussichtsreichsten und am wenigsten anstrengend.

62 Abraham a Sancta Clara

Kein Blatt vor den Mund genommen

»Beim Bauen muss man schauen, um sich nicht zu verhauen, sonst kommt man in des Elends Klauen.« Das ist einer von unzähligen heute noch gültigen Sprüchen Abraham a Sancta Claras, dem berühmten Hofprediger des Kaisers in Wien, der in Kreenheinstetten als Johann Ulrich Megerle 1644 im Gasthaus zur Traube das Licht der Welt erblickte.

Obwohl der Vater Leibeigener war, konnte der begabte Bub eine geistliche Laufbahn einschlagen, die ihn von Meßkirch über Ingolstadt und Salzburg zum Schluss nach Wien führte. Sehr früh bescheinigte man dem ehemaligen Bauernsohn, der in seiner Eigenschaft als Augustiner-Barfüßermönch sich den Namen Abraham a Sancta Clara zulegte, eine ungemeine Beredsamkeit. Seine Predigten füllten Kathedralen und Plätze, denn er beherrschte die Sprache des Volkes in Vollendung. Dabei nahm er nie ein Blatt vor den Mund, selbst wenn er sich über die Verschwendungssucht und Eitelkeit der Adligen beschwerte. Seine Weisheiten hat er in mehr als 60 geistlichen Werken niedergeschrieben. Als er 1709 starb, bezeichnete man ihn als eine der »einflussreichsten, volkstümlichsten und sozialkritischsten Stimmen des Abendlands«.

In Kreenheinstetten begegnet man dem großen Sohn des kleinen Ortes auf Schritt und Tritt. Vor der Kirche steht er predigend als Denkmal auf dem Sockel. Daneben ist ihm ein kleines, aber feines Museum gewidmet. Bücher, Schriften und Briefe aus dem Besitz des Predigers sowie informative Schautafeln und andere Ausstellungsgegenstände geben einen lebhaften Einblick in das Schaffen des wortgewaltigsten Predigers des Barocks.

Eine Einkehr in seinem Geburtshaus, dem Gasthaus zur Traube, ist Pflicht. Bei Wurstsalat mit Bauernbrot kann man überall in der Wirtschaft kernige Sprüche des großen Vorfahren entdecken. Einen davon muss man sich besonders zu Herzen nehmen: »Wer die Wirtin kränkt, wird gehängt!«

Adresse Gedenkstätte: Kirchplatz 3, 88637 Leibertingen-Kreenheinstetten, Besichtigung nach Anmeldung, Tel. 07570/414 (Berta Rudolf); Gasthaus zur Traube: Abraham-a-Sancta-Clara-Straße 12, 88637 Leibertingen-Kreenheinstetten, Tel. 07570/440, Mo Ruhetag | ÖPNV Meßkirch Adlerplatz Bus 641/667 bis Haltestelle Kreenheinstetten-Ortsmitte | Anfahrt von der B 313 zwischen Meßkirch und Sigmaringen bei Rohrdorf auf die L 196 abbiegen | Tipp Am ersten Wochenende im September hinfahren. Dann erlebt man zusätzlich die Highlandgames.

63_Die Highlandgames

Das Treffen der »Alb-Obelixe«

Wenn in dem Albdorf Kreenheinstetten haufenweise zentnerschwere Mannsbilder im Schottenrock auftauchen und eine Dudelsackband pfeifend durch die Straßen marschiert, handelt es sich um keine feindliche Übernahme durch das für seine Sparsamkeit berühmte Volk aus dem Norden der britischen Insel, sondern um die jährlich stattfindenden Highlandgames.

Die Spiele sind mittlerweile zu einem regelrechten Volksfest geworden. Wie Gladiatoren ziehen die Teilnehmer in das Gelände ein und stellen sich wie bei einer Olympiade hinter den Schildern ihrer Heimatorte auf.

Schon der erste Wettkampf, das Traktorziehen, bringt die starken Kerle an die Grenze ihrer Möglichkeiten, besonders wenn die Wiese vom Regen aufgeweicht ist. Dann ist der tonnenschwere Traktor fast nicht von der Stelle zu bewegen. Extreme Muskelkraft beanspruchen auch das Strohballenwerfen und das Felsbrockenheben. Damit die schwergewichtigen Männer nicht immer im Vorteil sind, gibt es Disziplinen, bei denen Schnelligkeit und Geschicklichkeit gefragt sind. Beim Wassereimertransport müssen gefüllte Kübel möglichst schnell und ohne Wasserverlust über Hindernisse transportiert werden. Den meisten Spaß haben die Zuschauer beim Schlammpatschen. Auf einem Balken balancierend versuchen sich die Gegner mit Hilfe von gefüllten Säcken gegenseitig in eine braune Schlammbrühe hinunterzustoßen. Die Wettkampfteilnehmer treten immer in Zweiergruppen an, da es in einigen Disziplinen auch auf Teamgeist ankommt. Gewertet wird sowohl die Leistung des Einzelnen als auch die des Teams.

Trotz aller Anstrengung merkt man den Gladiatoren und neuerdings auch kampfstarken Gladiatorinnen den Spaß an den Wettkämpfen an, was sich auf die Zuschauer überträgt. Lautstark feuern sie die Muskelprotze an und löschen anschließend gemeinsam mit ihnen bei Blasmusik den durch die Anstrengung entstandenen Durst.

Adresse Wettkampfarena Krimmstraße, 88637 Leibertingen-Kreenheinstetten, Veranstalter: Festgemeinschaft Schwäbische Highlandgames, 88637 Leibertingen-Kreenheinstetten, Tel. 07570/1238. Die Highlandgames finden jedes Jahr am ersten Septemberwochenende statt. | **ÖPNV** von Meßkirch Adlerplatz Bus 641/667 nach Kreenheinstetten-Ortsmitte | **Anfahrt** an der B 313 zwischen Meßkirch und Sigmaringen bei Rohrdorf auf die L 196 abbiegen, dort etwa 8 Kilometer weiterfahren | **Tipp** Zwischen Kreenheinstetten und Leibertingen gibt es ein Segelfluggelände, auf dem man auch sehr preisgünstig campen und übernachten kann. Adresse: Fluggemeinschaft Leibertingen e. V. Flugplatz, 88637 Leibertingen, Tel. 07466/485.

64 Die Galerie Wohlhüter

Der Apfel fällt nicht weit von Kunst

Erfolgreiche Kunstgalerien siedeln sich gerne in Metropolen an. Kunstsinnige und gleichzeitig gut betuchte Weltenbummler schauen beim Besuch einer Weltstadt gerne mal kurz bei einem namhaften Galeristen vorbei und informieren sich über die neuen Shooting-Stars am heftig umkämpften Kunsthimmel.

Bei Gerlinde und Werner Wohlhüter ticken die Uhren anders. Mal kurz vorbeischauen ist nicht sinnvoll, denn allein die Anfahrt in das abseits gelegene Dorf Thalheim erfordert einen größeren Zeitaufwand. Dafür wird man mit wohltuender Herzlichkeit empfangen, fernab von elitärem Dünkel. Trotzdem ist das Kunstangebot alles andere als provinziell. Künstler wie Willi Siber, die in vielen Großstädten ausstellen, fühlen sich bei Wohlhüters bestens aufgehoben.

Der Galerist Wohlhüter hat einen großen Vorteil gegenüber den Kollegen in den Metropolen. Seine Kunst bekommt viel Platz, denn das Ausstellungsgelände ist mehrere Hektar groß. Die Skulpturen haben hier die Gelegenheit, in der Landschaft zu wirken. Dadurch erhalten sie eine ganz neue Wertschätzung. Neben den von der Alblandschaft geprägten Wiesen- und Ackerflächen ist der hauseigene Obstgarten der Ausstellungsort für intimere Plastiken. Der aufmerksame Besucher kann Kunstwerke entdecken, die versteckt zwischen reifenden Äpfeln hängen. Nicht alle Kunstwerke sind wind- und wetterfest. Gemälde und dreidimensionale Werke aus sensiblem Material werden in der großen, lichtdurchfluteten Halle ideal präsentiert.

Die Galerie Wohlhüter hat es sich zum Ziel gemacht, Kunstschaffenden aus der Region eine Plattform zur Präsentation ihrer Werke zu bieten. Höhepunkte im Jahresablauf sind neben den Vernissagen die schon fast legendären Galeriefeste. Hier treffen sich Künstler und Kunstinteressierte auf Augenhöhe und diskutieren in entspannter Atmosphäre und bei einem Gläschen Wein über alles, was es in der Welt der Kunst an Neuigkeiten gibt.

Adresse Galerie Wohlhüter, Kreuzstraße 12, 88637 Leibertingen-Thalheim, Tel. 07575/1370 | **ÖPNV** Von Meßkirch Adlerplatz mit Bus 641/667 nach Leibertingen-Thalheim, Haltestelle Schwimmbadstraße | **Anfahrt** auf der B 311 zwischen Meßkirch und Worndorf auf die K 8216 abbiegen und diese weiterfahren bis an das gegenüberliegende Ortsende von Thalheim | **Öffnungszeiten** Fr 13–18 Uhr, Sa 10–13 Uhr und nach Vereinbarung | **Tipp** Die Skulpturen im Freien sind jederzeit zugänglich. Im Sommer kann man sich nach allzu hitziger Diskussion über Kunst im frisch renovierten gemeindeeigenen Freibad von Thalheim abkühlen.

65 Das Römermuseum

Was trug der Römer auf dem Rücken?

Was erwartet man normalerweise von einem Römermuseum? Da kommen einem Scherben von Töpfen, Ziegeln oder Glas in den Sinn. Eine Münzensammlung und Besteckteile sind zu finden sowie Mauerreste, die als Überbleibsel einer Hypokaustenheizung gelten. Vor allem junge Besucher kann so etwas allein nicht mehr begeistern. Sie wollen konkret etwas über den römischen Alltag, besonders aber viel über römische Soldaten erfahren. Diesem Wunsch kommt das Römermuseum in Mengen-Ennetach mit seinem museumspädagogischen Konzept entgegen.

Wenn eine Schulklasse im Museum auftaucht, werden aus den Kindern in Windeseile kleine Römerinnen und Römer, gewandet in Tunika oder Toga. Statt ihrer Turnschuhe tragen sie Riemensandalen. Am liebsten würden sie sich mal wie ein richtiger römischer Legionär ausstaffieren. Dabei stoßen sie aber schnell an ihre Grenzen, denn ein Legionärsgepäck wiegt mindestens 46 Kilo. Aber in kleineren Happen lässt sich schon ausprobieren, wie sich so eine Legionärsausstattung anfühlt. Allein das Kettenhemd ist doppelt so schwer wie ein gut gefüllter Schulranzen und kratzt unangenehm auf der Haut. Auch das Tragen von Schild, Schwert, Lanze und Helm macht zwar großen Spaß, flößt aber den Kindern auch Ehrfurcht vor der Leistung der damaligen Soldaten ein. Dazu kommt noch das Gepäck des Legionärs. Was der unterwegs alles bei sich hatte! Näheres wird hier nicht verraten, das soll der Besucher selbst in Erfahrung bringen.

So richtig in die Welt der Römer kann man jedes Jahr beim Römerfest am ersten Septemberwochenende eintauchen. An diesem Tag marschiert eine ganze Kohorte römischer Soldaten in Ennetach ein und schlägt dort ihr Lager auf. Eine Schar Alamannen wartet schon auf sie. Es wird gearbeitet, gekocht, gegessen und gefeiert wie vor 2.000 Jahren, allerdings deutlich friedlicher als damals. Es kam noch nie zu einer Auseinandersetzung zwischen den beiden Lagern.

Adresse Römermuseum Mengen-Ennetach, Kastellstraße 52, 88512 Mengen-Ennetach, Tel. 07572/769506 | ÖPNV Vom Bahnhof Mengen (Regionalexpress 3201) sind es 15 bis 20 Gehminuten. | Anfahrt B 311, am Ortseingang Mengen aus Richtung Tuttlingen in Ortsteil Ennetach fahren, das Römermuseum ist deutlich ausgeschildert | Tipp Im Museum befindet sich ein Café mit ausreichend Platz auch für größere Reisegruppen. Auf dem Weg liegt das Gaggli Nudelhaus, in dem man viel über die Produktion von Nudeln erfahren kann.

66_Der Campus Galli

Betreten der Baustelle erwünscht

Es ist wie in einem Fantasyfilm. Kaum hat man das Kassenhäuschen passiert, wird man schlagartig 1.000 Jahre zurückversetzt oder zurückgebeamt, wie man das in der Fantasysprache bezeichnet. Da kommt eine junge Frau in mittelalterlichem Gewand vorbei, die zwei mit Kies gefüllte Kübel an einem Jochbalken auf den Schultern schleppt. 50 Meter weiter schält ein vollbärtiger Mann mit einem Ziehmesser ein Stück Holz, um daraus einen Axtstiel herzustellen. Eine Frau kratzt mit bloßen Händen Lehm aus einer Grube und formt daraus Schüsseln und Töpfe. Unter einem provisorischen Zeltdach spinnt eine andere Frau aus Pflanzenfasern Wolle, um daraus später Schnüre und Stricke zu flechten. Und auf dem Feld ernten Bäuerinnen Kräuter und Rüben und transportieren sie in großen Körben nach Hause. Auf dem Weg treffen diese noch den Fuhrmann, der auf seinem Ochsenkarren einen schweren Stein transportiert. Es gibt kein mittelalterliches Handwerk, dem man nicht auf dem Weg durch die riesige Baustelle begegnet.

Und alle haben ein gemeinsames Ziel: Sie wollen nach dem St. Galler Idealplan aus dem 9. Jahrhundert eine Klosteranlage mit den technischen Möglichkeiten der damaligen Zeit bauen. Statt Maschinen, Lastwagen und Overalls sind Muskelkraft, Ochsenkarren und Leinengewänder gefragt. Das Baumaterial wird ausschließlich aus dem eigenen Gelände gewonnen.

Die Idee für das Projekt kam dem charismatischen Initiator, Bert M. Geurten, als er die größte Baustelle dieser Art, Guédelon in Frankreich, besichtigte. Dort wird seit dem Jahre 1996 mit großem Erfolg an einer Burg gebaut, nur mit den Möglichkeiten des 13. Jahrhunderts. In Meßkirch fand Geurten bei Bürgermeister, Gemeinderat und Landrat offene Ohren und tatkräftige Hilfe für seinen mutigen Plan.

Ein Anfang ist gemacht. Es wäre spannend, zu wissen, was nach der vorgesehenen Bauzeit von 40 Jahren entstanden ist.

Adresse Hackenberg 92, 88605 Meßkirch, Büro: Hauptstraße 25–27, 88605 Meßkirch, Tel. 07575/925302 | **ÖPNV** Eine Bushaltestelle am Campus ist in Planung. | **Anfahrt** Der Campus Galli befindet sich circa 6 Kilometer außerhalb von Meßkirch, direkt an der Bundesstraße B 313 Richtung Sigmaringen, Abzweigung Langenhart. | **Tipp** Am Beginn des ausgeschilderten Rundwegs steht zur Verköstigung eine Imbissbude, in der vorwiegend nicht mittelalterliche Speisen und Getränke angeboten werden.

67 Die Heidegger-Bank

Auf den Spuren eines großen Philosophen

Vielleicht hätten sie etwas mehr Ehrfurcht gezeigt, die Randalierer, die die roh gezimmerte Bank am Feldweg nach Bichtlingen mutwillig zerstörten, wenn sie gewusst hätten, dass es sich um die berühmte Heidegger-Bank handelte. Es war zwar längst nicht mehr die Originalbank, die da zerstört wurde und auf der der wohl berühmteste deutsche Philosoph des 20. Jahrhunderts oft sinniert hatte. Schon mehrere Male mussten morsch gewordene Exemplare durch neue ersetzt werden.

Doch Martin Heidegger hat diesem Plätzchen ein bleibendes literarisches Denkmal geschaffen. In seinem Buch »Der Feldweg« beschreibt er seine Spaziergänge, die ihn hinaus durch das Hofgartentor bis zum Wald führten, »an dessen Saum eine hohe Eiche grüßt, unter der eine roh gezimmerte Bank steht«. In traumhaft schöner Prosa erzählt der »alemannische Sokrates« seine Jugenderlebnisse und geht dabei unbemerkt und nahtlos in seine philosophischen Erkenntnisse über. »Der Feldweg« gehört zu den schönsten Werken Heideggers, vereint er doch auf höchstem Niveau Literatur und Philosophie, Wirklichkeit und tiefschürfende Gedanken.

Die Stadt Meßkirch würdigt ihren großen Sohn mit einem kleinen, aber feinen Museum. Es war keine leichte Aufgabe, einem Mann eine Gedenkstätte zu widmen, dessen riesiges Werk selbst von einem Berufskollegen als »unverdaulicher Brocken der Weltliteratur« bezeichnet wurde. Den Museumsgestaltern ist das Kunststück gelungen, die wichtigsten Thesen seines Schaffens zusammen mit den dazu erschienenen Büchern, persönlichen Notizen und Briefen auch dem Normalbürger zugänglich zu machen.

Zeit seines Lebens war Heidegger auf der Suche nach dem »Sinn des Seins«. Ganz fündig wurde er nie. Wesentlich leichter ist es, in Meßkirch die Orte zu entdecken, an denen sein physisches Sein begann und aufhörte: sein Geburtshaus direkt gegenüber der Stadtkirche und sein Grab auf dem städtischen Friedhof.

Adresse Heidegger-Museum, Kirchstraße 7, 88605 Meßkirch, Tel. 07575/20646. Die Heidegger-Bank steht 1.200 Meter nach Ortsende direkt in der Fortsetzung der Straße »Am Feldweg«. Das ehemals an der Eiche hinter der Bank angebrachte Hinweisschild wurde leider entwendet. | ÖPNV von Sigmaringen Bahnhof RAB 7391, Tuttlingen Busbahnhof SBG 54 und Stockach Busbahnhof RAB 7391 nach Meßkirch, Haltestelle Adlerplatz | Anfahrt B 311 und B 313 führen direkt nach Meßkirch | Öffnungszeiten ganzjährig Fr–So, Feiertage 13–17 Uhr sowie für Gruppen nach Vereinbarung | Tipp Unmittelbar neben Kirche und Geburtshaus befindet sich das Restaurant Froben mit gehobener Gastronomie, aber nicht abgehobenen Preisen.

68 Die Kanonenkugel in der Kirchenwand

Kriegerische Zeiten

»Moeskirch«, steht da, eingemeißelt in einen der vier Pfeiler des Arc de Triomphe in Paris. In guter alter Kaisermanier ließ Napoleon einen Triumphbogen errichten, um die militärischen Erfolge seines Revolutionsheers auch späteren Generationen ins Gedächtnis zu rufen. Etwas orthographisch verändert ist hier auch die Schlacht von Meßkirch erwähnt, die im Verlaufe des Zweiten Koalitionskriegs stattfand.

Die Vorgeschichte: Nach der Hinrichtung des französischen Königspaars in Paris schlossen sich die Machthaber des restlichen Europa zu einer Koalition zusammen, um eine Ausweitung der Revolution zu verhindern und in Frankreich mit Hilfe des Militärs die alten Machtverhältnisse wiederherzustellen. Doch das revolutionäre Frankreich setzte sich mit einem schlagkräftigen Heer erfolgreich zur Wehr.

Ende April 1800 überquerten französische Truppen den Rhein und marschierten in Süddeutschland ein. Österreich schickte als Antwort seine Divisionen donauaufwärts bis nach Meßkirch und quartierte sie in der Stadt und in den umliegenden Ortschaften ein. Am 5. Mai kam es zu einer Auseinandersetzung zwischen Franzosen und Verbündeten, welche sich an diesem Tage noch zu einer der blutigsten Schlachten des Zweiten Koalitionskrieges entwickeln sollte. Zuerst sah es nach einem Sieg für die Österreicher aus, doch dann wendete sich das Kriegsglück, und die Österreicher mussten sich geschlagen geben. Zurück blieben Tausende von toten und verwundeten Soldaten und Hunderte von Bewohnern, die durch das Kriegsgeschehen und die Einquartierungen sehr gelitten hatten.

Heute erinnert noch eine Kanonenkugel, die in der Außenwand der St.-Martins-Kirche stecken blieb, an dieses Gefecht. Im Heimatmuseum ist die Schlacht mit etlichen Fundstücken thematisiert.

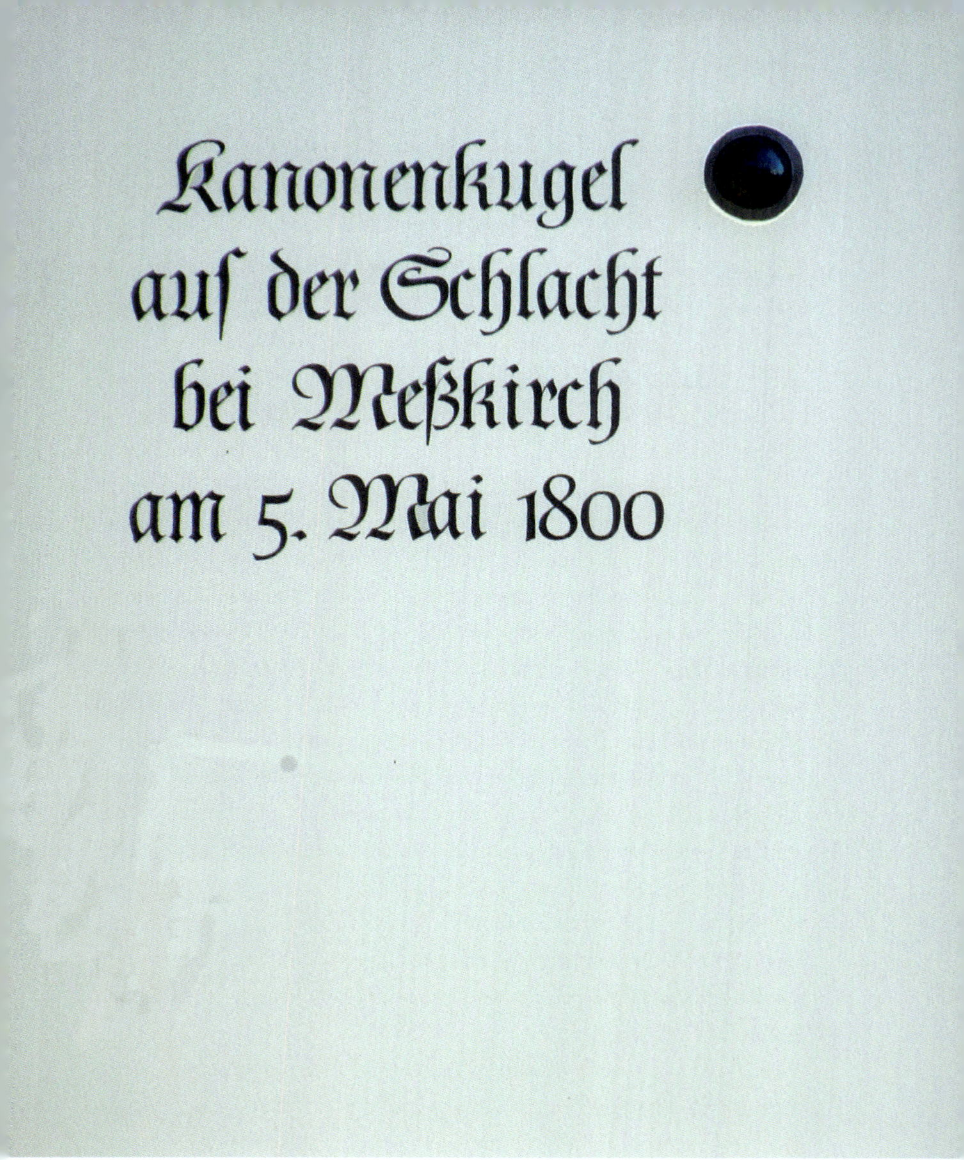

Adresse Kirchstraße, 88605 Meßkirch, Heimatmuseum: Schloßstraße 1, Tel. 07575 / 20646, Führungen nach Vereinbarung | **ÖPNV** von Sigmaringen Bahnhof RAB 7391, Tuttlingen Busbahnhof SBG 54 und Stockach Busbahnhof RAB 7391 nach Meßkirch, Haltestelle Adlerplatz | **Anfahrt** B 311 und B 313 führen direkt nach Meßkirch, gute Parkmöglichkeiten auch im nahen Stadtbereich | **Tipp** In der Pfarrkirche von Rohrdorf hängt eine Votivtafel, das einzige vorhandene Gemälde der Schlacht von Meßkirch.

69_Die Altstadtkirchlein

Wo der Pfarrer ins Freie predigte

Bevor Mikrofon und Lautsprecher erfunden wurden, diente eine Kirchenkanzel dazu, den Gläubigen das vom Geistlichen verkündete Wort im Kirchenraum akustisch zu verstärken. Doch die Kanzel der St.-Vitus-Kapelle ist an der Außenwand angebracht. Der Grund: Bis zum Ersten Weltkrieg fand am Tag des heiligen Vitus um die Kirche herum ein Kinderfest statt, und der Pfarrer hielt zu Beginn vom »Känzele« herab die Predigt.

Während der Innenraum der Vituskapelle außer einem klassizistischen Altar keine Besonderheiten aufweist, gehört die danebenliegende Galluskirche zu den ältesten und kunsthistorisch bedeutendsten Sakralbauten des Oberen Donautals. Im 10./11. Jahrhundert entstand diese Kirche, nachdem schon 200 Jahre vorher an diesem Platz eine Kapelle gestanden hatte. Den hohen kunsthistorischen Wert verdankt das Bauwerk seinen gut erhaltenen Fresken aus dem 14. und 15. Jahrhundert. Darauf sind die Stationen des Lebens Christi in zahlreichen Einzelbildern dargestellt. Diese Bilder dienten nicht nur der Verschönerung der Kirche, sondern auch der religiösen Unterweisung des Kirchenvolkes, da der Buchdruck noch nicht erfunden war und die meisten Menschen nicht lesen konnten. Zu den Fresken im Altarraum gesellte sich im Barock noch ein sehr schöner Hochaltar, der aus der Werkstatt der berühmten Mühlheimer Künstlerfamilie Korb stammt.

Nach dem Erwerb des Kirchleins durch die im Ort ansässigen Herren von Enzberg wurde es zur Grablege für deren Angehörige. Auf den Grabplatten kann man die Namen und Daten der Verstorbenen bis ins 15. Jahrhundert zurückverfolgen.

Übrigens, die Mühlheimer Altstadt liegt unten an der Donau und besteht nur aus wenigen Gebäuden, die sich verstreut um den Friedhof gruppieren. Das am Hang gelegene mittelalterliche Ensemble mit Fachwerkhäusern, Turm und Wehranlagen nennen die Mühlheimer ganz offiziell ihr »Städtle«.

Adresse Altstadt, 78570 Mühlheim. Die Kirchen sind normalerweise verschlossen, Schlüssel bei Frau Pfeiffer, Tel. 07463/362. | **ÖPNV** vom Bahnhof Tuttlingen mit IRE 3209 nach Mühlheim Bahnhof, vom Bahnhof aus direkt auf dem Donauradweg bis zum Friedhof | **Anfahrt** von B 311 oder B 14 in Tuttlingen auf die L 277 nach Mühlheim, auf die L 443 Richtung Kolbingen fahren, am Ortsende in die Altstadt bis zum Friedhofsparkplatz, die beiden Kirchlein liegen innerhalb der Friedhofsmauern | **Tipp** Mehr Informationen über die Geschichte der Stadt Mühlheim gibt es im »Museum im Vorderen Schloss«, Öffnungszeiten: So 14–17 Uhr.

70_Der Biber

Nicht jedermanns Freund

Bericht im Schwarzwälder Boten vom 22. Januar 2014: »Reichlich verrechnet bei der Fallrichtung eines Baumes hat sich am frühen Dienstagmorgen ein Biber im Bereich Blumberg (Schwarzwald-Baar-Kreis). Durch das Fällen des Baumes hat der Biber einen Unfall mit mehreren Autos verursacht.« Das ist nur eine der Schlagzeilen, für die das größte Nagetier Europas in regelmäßigen Abständen sorgt. Glücklicherweise sind die Schäden selten so groß, die das etwa ein Meter lange und bis zu 30 Kilo schwere Tier anrichtet.

Bis vor 20 Jahren galt der Biber in unserer Region als ausgestorben. Zum einen wurde er über Jahrhunderte wegen seines dichten Fells gejagt, zum anderen entzog man ihm durch Flussbegradigungen und intensive landwirtschaftliche Nutzung seine natürlichen Lebensräume. Kaum waren aber Teile des Donauufers renaturiert, tauchte das seltene Tier wieder auf. Zuerst entdeckte man nur einzelne Spuren wie angenagte Zweige, die der reine Vegetarier auf seinen Erkundungstouren hinterließ. Heutzutage zeigt der Biber ständige Präsenz in Form gefällter Bäume sowie kunstvoll gebauter Dämme und Wohnhöhlen. Leider wird er immer mehr auch Opfer des Straßenverkehrs.

Die Stadt Mühlheim hat an einem Altarm der Donau einen Biberbeobachtungsstand eingerichtet. Von dort kann man einen Bereich überblicken, in dem die Präsenz des Bibers besonders augenfällig ist. Neben etlichen gefällten oder angenagten Bäumen kann man auch gut die Dämme erkennen, die das große Nagetier errichtet hat, um sicher zu sein, dass der Eingang zu seinem Bau immer unter Wasser liegt. Eine Tafel informiert ausführlich über die Lebensweise und Eigenheiten des außergewöhnlichen Einwanderers.

Die Freude über die Rückkehr des großen Nagers hält sich mittlerweile die Waage mit den Klagen über die von ihm verursachten Schäden. Doch auch seine schärfsten Gegner wollen ihn nicht wieder loshaben.

Adresse Der Biberbeobachtungsstand liegt am Donauradweg in Richtung Fridingen gleich hinter dem Friedhof. Für ganz spezielle Fragen und Klagen zum Thema Biber gibt es im Regierungsbezirk Freiburg eine Biberbeauftragte, Adresse: Bettina Sättele, 79761 Waldshut-Tiengen, mobil: 0174/3012716. | **ÖPNV** vom Bahnhof Tuttlingen mit IRE 3209 nach Mühlheim Bahnhof, vom Bahnhof aus direkt auf dem Donauradweg bis hinter den Friedhof | **Anfahrt** von B 311 oder B 14 in Tuttlingen auf die L 277 nach Mühlheim, auf die L 443 Richtung Kolbingen fahren, am Ortsende in die Altstadt bis zum Friedhofsparkplatz, direkt hinter dem Friedhof ist der Biberplatz | **Tipp** Oberhalb der Felsenhalde gegenüber dem Biberplatz gibt es eine Felsenhöhle mit sehr schönen Tropfsteinen, geöffnet immer am Himmelfahrtstag oder nach Voranmeldung bei Peter Glatz, Lippachtalstraße 29, 78570 Mühlheim, Tel. 07463/668.

71 Das Schwedengrab

Das Blut floss zum Tor hinaus und färbte die Donau rot

Der Dreißigjährige Krieg gehört zu den dunkelsten Kapiteln der europäischen Geschichte. Aus einem regionalen Konflikt entstand ein Flächenbrand, der fast zu einer Ausrottung der mitteleuropäischen Bevölkerung geführt hätte. Es waren die kaiserlichen und schwedischen Armeen, die durch unser Land zogen und sich davon ernährten. Es machte für sie keinen Unterschied, ob es Freund oder Feind war, bei dem sie plünderten, mordeten oder erpressten. Im Schlepptau ihrer Beutezüge brachten sie noch Pest und Hunger mit in die Städte und Dörfer.

Im Sommer 1632 erreichten zum ersten Mal schwedische Reiter Mühlheim und quartierten sich für einige Zeit mit 1.000 Mann in der Stadt und der Umgebung ein. Die Einwohner flohen in die Wälder oder in sichere Städte. Wer zurückblieb, wurde ermordet oder furchtbar misshandelt. Es sollte nicht die einzige Besetzung der Stadt bleiben. Als die Schweden im Winter 1633 zum dritten Mal in Mühlheim hausten, mussten es die meisten von ihnen mit dem Leben bezahlen. Am 21. Februar wurden sie von einer Übermacht kaiserlicher Truppen überfallen und niedergemetzelt. »In allen Straßen und Gassen lagen Tote und Verwundete. Der Blutstrom floss durchs untere Tor hinaus […] bis zur Donau und färbte ihr rechtes Ufer rot«, beschreibt der Chronist das damalige Ereignis. 300 Leichen wurden darauf im unteren Schlossgarten in einem Massengrab verscharrt.

Diese kurzfristige Befreiung half den Mühlheimern wenig. Das Leiden ging weiter. Am Ende des Krieges im Jahre 1648 wohnten nur noch zehn Menschen in dem ehemals so stolzen Städtchen.

Dort, wo die Soldaten begraben wurden, hat die Stadt Mühlheim eine würdige Gedenkstätte errichtet. Eine dreiteilige Steinskulptur des einheimischen Künstlers Hans Jürgen Kossack erinnert an dieses schreckliche Ereignis. Text- und Bildtafeln informieren über die geschichtlichen Fakten und ihre künstlerische Umsetzung.

Adresse An der Steig, 78570 Mühlheim | ÖPNV vom Bahnhof Tuttlingen mit IRE 3209 nach Mühlheim Bahnhof | Anfahrt Von B 311 oder B 14 in Tuttlingen auf die L 277 nach Mühlheim, auf L 443 Richtung Kolbingen abbiegen, im Kreisverkehr Richtung Oberstadt. Das Schwedengrab liegt an der Steig direkt nach der Donaubrücke am Zufahrtsweg zur Ruine Maria Hilf. | Tipp Hinter dem Schwedengrab beginnt der bequeme Fußweg zur imposanten Kirchenruine Maria Hilf. Sie kann sich in ihren Ausmaßen durchaus mit den Ruinen englischer Kathedralen messen und ist immer wieder Schauplatz von Orchestermessen.

72 Der Pranger am Rathaus

Dem Spott der Menschen wehrlos ausgeliefert

Man hatte in der Vergangenheit grausame Methoden, um verurteilte Menschen zu bestrafen. Schwere Verbrechen wurden mit der Todesstrafe geahndet. Bei mittleren Vergehen musste der Delinquent mit einer Verstümmelung rechnen. Bei leichten Straftaten war der Pranger eine weitverbreitete Disziplinierungsmaßnahme. Zu den einfachen Delikten zählten Fluchen, Randalieren, Betrügen, Beleidigen oder auch unehelicher Geschlechtsverkehr. Aber auch für das Wäschewaschen am Sonntag oder das Backen von zu kleinen Brötchen konnte man an den Pranger kommen.

Die Ausführung der Strafe übernahm der Ortsbüttel. An Ketten gelegt war der Missetäter oder die Missetäterin für eine oder mehrere Stunden wehrlos dem Gespött der Bevölkerung ausgeliefert. Meistens blieb es nicht bei verbaler Verhöhnung, sondern der arme Mensch wurde auch bespuckt, geschlagen, misshandelt. Im Städtchen Möhringen bestand der Pranger aus einem drehbaren Käfig. Man kann sich vorstellen, wie es der verurteilten Person nach dem Vollzug der Strafe zumute war.

Der Munderkinger Rathauspranger besteht aus einer Nische, in der eine Doppelbestrafung abgebildet ist. Der Scharfrichter schneidet gerade dem zu einer Prangerstrafe Verurteilten auch noch die Zunge ab. Nach dem Überstehen der Strafe folgte nicht selten der gesellschaftliche oder der geschäftliche Ruin, was noch viel schwerer wog.

Ist der Pranger wirklich Vergangenheit? Leider nicht! Kommt heute ein Prominenter in den Verdacht, eine Straftat begangen zu haben, gerät er in das Kreuzfeuer der Medien. In Millionenauflagen berichten Boulevardblätter über die vermuteten Missetaten, tagelang ist er das Thema von Nachrichten, Kommentaren und Talkshows. Das Leben dieses Menschen ist dann fast immer zerstört. Im Mittelalter kam ein Mensch erst nach einem Richterspruch an den Pranger, heute wird nicht mehr so lange gewartet.

Adresse Marktstraße 1, 89597 Munderkingen | ÖPNV vom Hauptbahnhof Ulm mit RB 22356 bis Munderkingen Bahnhof, der Bahnhof liegt sehr zentrumsnah | Anfahrt B 311 Riedlingen-Ehingen, Abfahrt Munderkingen, genügend Parkmöglichkeiten in Innenstadtnähe | Tipp Munderkingen hat eine wunderschöne Altstadt mit guter Gastronomie. Ein Rundgang mit Einkehr ist sehr empfehlenswert.

73 Die Storchenparade

Der Storch als Kunstobjekt

Was die Züricher mit ihrer »Kuh-Parade« und die Ulmer mit der »Spatzen-Invasion« geschafft haben, können wir schon lange, dachten sich die Vertreter der Städte Bad Saulgau, Bad Waldsee, Mengen, Munderkingen und Riedlingen und erfanden die »Storchenparade«. Schließlich sind die richtigen Störche dank zahlreicher Renaturierungsmaßnahmen in den letzten Jahren in ihr ehemaliges Verbreitungsgebiet zurückgekehrt und nehmen gerne die ihnen angebotenen Nistmöglichkeiten an. Mittlerweile gehören sie wieder zum Alltagsbild der Donaustädte, so als ob sie nie verschwunden gewesen wären.

Bei der »Storchenparade« bedienten sich die Initiatoren gerne der Erfahrungen ihrer Vorgänger in Sachen »tierischer Straßenkunst«. Zuerst wurden 160 Störche aus Glasfiber hergestellt. Kindergärten, Schulklassen und Hobbymaler, aber auch renommierte Künstler machten sich dann ans Werk und bemalten die 2,20 Meter hohen Rohlinge. Es entstanden 160 verschiedene Kunststörche, jeder Einzelne für sich ein Kunstwerk, jeder Einzelne zu einem anderen Thema. So gibt es jetzt den Apotheker-, Wirtshaus- und Sparkassenstorch und noch viele mehr.

Die fertigen Störche fanden reißenden Absatz bei Firmen, Vereinen, Ämtern und Privatpersonen. Sie dienten für Geschäfte als Werbeträger und bei Privatpersonen zur Verschönerung ihres Gartens. Die Kunststörche sind seit ihrer Aufstellung im Jahre 2005 aus dem Stadtbild der teilnehmenden Orte nicht mehr wegzudenken, sie sind wie erhofft sogar zu einer touristischen Attraktion geworden.

Eine große Hoffnung von damals hat sich für die Bürgermeister nicht erfüllt: Die demografische Entwicklungskurve ihrer Städte hat sich durch die Storchenaktion nicht positiv verändert, woran die hier ansässigen lebendigen Störche allerdings keine Schuld trifft. Diese gehen sogar mit gutem Beispiel voran und sorgen jedes Jahr zuverlässig für neuen Nachwuchs.

Adresse Rathaus, Marktstraße 1, 89597 Munderkingen. Am Eingang zum Rathaus steht der Storch des ehemaligen Standesbeamten mit dem Übernamen »Somie«. | ÖPNV vom Hauptbahnhof Ulm mit RB 22356 nach Munderkingen Bahnhof, der Bahnhof liegt sehr zentrumsnah | Anfahrt B 311 Riedlingen-Ehingen, Abfahrt Munderkingen, genügend Parkmöglichkeiten in Innenstadtnähe | Tipp Es lohnt sich, in allen fünf Städten auf Storchenerkundungstour zu gehen. Die Vielfalt und die Phantasie der Storchenbemaler ist beeindruckend.

74_Das Kaufhaus Pfeiffer

Nur nichts wegwerfen!

Niemand in Stetten nannte Franz Pfeiffer bei seinem richtigen Namen. Im Volksmund war er nur der »Löhle Bempes«, den Namen hatte er von einem Vorfahren geerbt, der Balthasar Löhle geheißen hatte. Diese Tatsache verführte Auswärtige öfters zu einem Fauxpas, denn Pfeiffer ärgerte sich, wenn man ihn als »Herrn Löhle« anredete.

1995 verstarb der etwas schrullige Junggeselle im Alter von 82 Jahren. Er war jahrzehntelang eine Institution in dem Garnisonsort Stetten am Kalten Markt. Spielzeug, Postkarten, Rasierpinsel, Uhren, Schrauben, Lebensmittel, Knöpfe, alles konnte man im großen Verkaufsraum im Erdgeschoss kaufen. Einen Stock höher war die Konfektionsabteilung mit Kleidern und Stoffen, in der besonders die Damenwelt alles fand, was das Herz begehrte.

Den geschäftlichen Erfolg hatte das Kaufhaus der Garnison zu verdanken. Die hier stationierten Soldaten hatten nirgendwo sonst Gelegenheit, einzukaufen. Waren es Dinge des täglichen Bedarfs, ein Mitbringsel für zu Hause oder auch ein Geschenk für die Angebetete, im Kaufhaus Pfeiffer wurden sie fündig. Der »Löhle Bempes« konnte nie etwas wegwerfen. In der Hoffnung, dass alles irgendwann einen Käufer findet, stapelten sich Hunderte von Kartons im ganzen Haus. Nach seinem Tod entdeckte man ein riesiges Sammelsurium von Waren aus acht Jahrzehnten. Dieses Inventar war der Grund dafür, dem in die Jahre gekommenen Gebäude eine neue Bleibe im Freilichtmuseum Neuhausen ob Eck zu geben, ein gleichwohl teures wie schwieriges Unterfangen. Die Realisierung des Vorhabens gelang nicht zuletzt dank einer neuen kostensparenden Umsetzungstechnik, bei der das Gebäude nur noch in Großteile anstatt in seine Einzelteile zerlegt werden musste.

Als beim Umzug zwei alte Autos und ein Motorrad ans Tageslicht kamen, die Franz Pfeiffer Jahrzehnte nicht mehr benutzt hatte, wunderte sich fast niemand. Das war typisch »Löhle Bempes«.

Adresse 78579 Neuhausen ob Eck, Tel. 07467/1391 | **ÖPNV** mit Bus 54 von Tuttlingen ZOB nach Neuhausen ob Eck, Haltestelle Freilichtmuseum | **Anfahrt** B 311 Abfahrt Neuhausen ob Eck, das Museum liegt 500 Meter außerhalb des Ortes an der L 440 nach Fridingen | **Öffnungszeiten** April–Okt. Di–So 9–18 Uhr | **Tipp** Buchen Sie eine Themenführung durchs Museum mit der Magd oder dem Dorfschulmeister. Sie werden Ihren Spaß daran haben.

75 Der Malefizschenk

Kommissar Gnadenlos

Es war der Coup des Jahres 1782! Elisabeth Gaßner, genannt »schwarze Lies«, ihres Zeichens Sacklangerin und Erzdiebin, gelang es, beim Geburtstagsfest des Herzogs aus der Rocktasche des Reichsgrafen Franz Ludwig Schenk von Castell 1.700 Gulden zu stehlen. Eine Ungeheuerlichkeit bezüglich der Summe und der Dreistigkeit, die sie später mit dem Leben bezahlte.

Der bestohlene Reichsgraf fühlte sich blamiert und verspottet. Er fahndete so lange nach der berühmtesten Gaunerin ihrer Zeit, bis er sie gefunden hatte und vor Gericht stellen konnte. Der Fahndungserfolg löste in dem Grafen die Leidenschaft zur Bekämpfung der damals sehr hohen Kriminalität aus, und der sehr bald als Malefizschenk bekannte Reichsgraf wurde in kurzer Zeit zum erfolgreichsten und gefürchtetsten Räuberfänger weit und breit.

Nachdem er mit 139 verschiedenen Herrschaften Einzelverträge geschlossen hatte, war es ihm möglich, die in Gaunerlisten aufgeführten Übeltäter bis tief in die Schweiz zu verfolgen, zu verhaften und nach Oberdischingen zu bringen, wo ihnen der Prozess gemacht wurde.

Dafür ließ er extra in seiner Residenz Gefängnisse und Gerichtsgebäude einrichten, nicht ohne Eigennutz, denn für die Unterbringung der Sträflinge kassierte er gutes Geld.

Da der Reichsgraf die hohe Gerichtsbarkeit besaß, durfte er auch Todesurteile fällen und vollstrecken, wovon er reichlich Gebrauch machte. 40 Delinquenten wurden in wenigen Jahren in Oberdischingen unter reger Beteiligung der Bevölkerung hingerichtet.

Durch die Kriminalitätsbekämpfung des Malefizschenk wurde die Gegend zwischen Donau und Bodensee wesentlich sicherer. Großen Dank erhielt der Graf für sein Tun nicht. Er starb verarmt und alleine, nachdem der württembergische König ihm seine Fahndungstätigkeit verboten, seine Familie ihn verlassen und ehemalige Häftlinge sein Schloss niedergebrannt hatten.

Adresse Schlossplatz 9, 89610 Oberdischingen. Im ehemaligen Gerichts- und Gefängnistrakt ist heute das Rathaus untergebracht. Eine Bronzetafel erinnert an den berühmtesten Sohn der Gemeinde. | ÖPNV von Ehingen Busbahnhof Linie 21, Haltestelle Oberdischingen Kirchplatz | Anfahrt B 311 Ulm-Ehingen, Abfahrt Oberdischingen | Tipp Bemerkenswert ist der während der Regierungszeit des Malefizschenken erbaute historische Ortskern mit seinen Reihenhäusern im französischen Mansard-Stil.

76 Der Tiberiusaltar

Ein Orden für die Mumie

Die Klosteranlage Obermarchtal gehört zu den ganz großen Juwelen des süddeutschen Barocks. Hier wirkten die Gebrüder Thumb und Franz Beer als Baumeister. Im Klostertrakt befindet sich der Spiegelsaal, der schönste Speisesaal Oberschwabens, ein Werk des berühmten Architekten Bagnato.

Unser Augenmerk gilt aber einer Seitenkapelle, die dem heiligen Tiberius geweiht ist. Der prachtvolle Altar, mit reichhaltigem Stuck und zahlreichen Putten verziert, umschließt eine Vitrine, in deren Mittelpunkt ein Torso in brokatverziertem Gewand steht. Dessen Kopf besteht aus einem präparierten Totenschädel. Um die Figur herum gruppieren sich Tiere und Menschen, die auf das Martyrium dieses Heiligen verweisen. Der Kopf des Tiberius ist das Geschenk eines Konstanzer Weihbischofs aus dem Jahre 1626. Welchen Weg das Haupt nach seinem Tod um 300 nach Christus bis zur Darstellung in Obermarchtal nahm, bleibt im Verborgenen.

Beim genaueren Betrachten dieser sonderbaren Heiligenfigur in der Vitrine entdeckt man um ihren Hals eine Goldkette, in die zahlreiche Edelsteine eingearbeitet sind und an deren unterem Ende ein toter Widder hängt. Experten erkennen sofort, dass es sich hier um das »Goldene Vlies« handelt, den höchsten Orden des Habsburger Reiches.

Doch wie kam die Auszeichnung an den Hals dieses Heiligen? Handelt es sich, wie allgemein vermutet, um ein Geschenk der Kaiserin Maria Theresia an den hiesigen Abt als Dank für die gute Unterbringung der Tochter Marie Antoinette auf der Reise zu ihrer Hochzeit? Hat man die Kette bei der Aufhebung des Klosters der Mumie um den Hals gehängt, um sie vor dem Zugriff von Plünderern zu schützen? Frage eins kann getrost verneint werden, denn auf der Liste aller Träger dieses Ordens taucht nie ein Abt von Obermarchtal auf. Das Lüften des Geheimnisses um den Orden wäre eine spannende und lohnende Aufgabe für einen Geschichtsforscher.

Adresse Klosteranlage, 89611 Obermarchtal. Das Münster ist täglich geöffnet. Der Tiberiusaltar steht links vom Eingang. | ÖPNV von Riedlingen ZOB mit Regionalbus 320 bis Haltestelle Obermarchtal Kloster | Anfahrt B 311 zwischen Riedlingen und Ehingen, Abfahrt Obermarchtal | Tipp Die ehemalige Klosterapotheke mit ihren vielen Schubladen und Regalen ist nahezu vollständig erhalten und zum Klosterladen umfunktioniert. Er bietet Devotionalien, Bücher, regionale Produkte, Musik und Alblinsen an.

77_Das Krippen-Museum

Weihnachten das ganze Jahr

Was tun mit der baufälligen, aber denkmalgeschützten ehemaligen Pfarrscheuer aus dem Jahre 1612 direkt im Zentrum des Ortes, fragten sich Bürgermeister und der Gemeinderat in dem oberschwäbischen Dorf Oberstadion. Alle Häuser drum herum waren schön restauriert und hatten auch schon ihre Aufgabe. Die Einrichtung eines Museums bot sich zwar an, aber ein Dorfmuseum im üblichen Sinn kam nicht in Frage, Museen dieser Art gibt es schon dutzendweise in der Region. Da lag ein Krippen-Museum wesentlich näher, denn der Verfasser des berühmten Weihnachtsliedes »Ihr Kinderlein kommet«, Pfarrer Christoph von Schmid, stammt aus Oberstadion.

Der rührige Bürgermeister selbst entwickelte sich daraufhin zum Krippenexperten und konnte Bevölkerung und Gemeinderat sowie zahlungskräftige Sponsoren für die Idee eines Krippen-Museums begeistern. Nach wenigen Jahren schon beherbergte die inzwischen mustergültig renovierte und zu einem modernen Museum ausgebaute Pfarrscheuer eine der größten und wertvollsten Krippenausstellungen dieser Art in Deutschland und zählt mittlerweile seit der Eröffnung im Jahre 2008 über 130.000 Besucher. Auf über 600 Quadratmetern Ausstellungsfläche stehen 160 Krippen.

Bei einem Rundgang erlebt man verschiedenste Krippenszenarien: Im Städtchen Bergamo wird der Ortsgeistliche freundlich von einem Bauern begrüßt. Bei genauer Betrachtung handelt es sich bei dem Pfarrer um Papst Johannes XXIII., der aus diesem Ort stammt. In der neapolitanischen Krippe findet man sich in den Gassen einer alten italienischen Stadt wieder. Eine Ganzjahreskrippe des berühmten Holzbildhauers Haseidl schildert die Ereignisse von der Geburt Jesu bis hin zu dessen Kreuzigung. Jede einzelne Krippe unterscheidet sich deutlich von der anderen.

Zusätzlich bietet das Museum im jährlichen Wechsel Sonderausstellungen an, die speziellen Ländern oder Künstlern gewidmet sind.

Adresse Krippen-Museum Oberstadion, Kirchplatz 5/1, 89613 Oberstadion, Tel. 07357/921410 | **ÖPNV** von Riedlingen Regionalbus 327 und 315 nach Oberstadion, Haltestelle Krippen-Museum | **Anfahrt** von der B 311 in Höhe Munderkingen auf die L 273 Richtung Emerkingen abbiegen, auf dieser Straße weiter bis Oberstadion | **Öffnungszeiten** Febr.–Okt. Mi–So, Feiertage 14–17 Uhr, Dez., Jan. täglich geöffnet, Heiligabend geschlossen | **Tipp** In der Kirche direkt neben dem Museum steht ein Werk des berühmten Krippenbauers Osterrieder. In unmittelbarer Nähe befindet sich auch das Gasthaus Adler mit seiner bodenständigen regionalen Küche, Tel. 07357/92050.

78 Der »Gole«

Schauerlich schön und riesenhaft

Der »Gole« ist im wörtlichen Sinn die herausragendste Figur der Riedlinger Fasnet. Wenn er auftritt, bekommen es sogar ausgekochte Lausbuben mit der Angst zu tun. Allein die helmbewehrte Maske mit dem weit aufgerissenen Mund, der für den Träger als Guckfenster dient, ist 70 Zentimeter hoch. Nur vier Gole treten in Riedlingen während der Fasnet auf. Zwei Erwachsenen- und zwei Kindergole. Sie tragen Waffenröcke, Brustpanzer, Speer und Schild und erinnern in ihrer Ausrüstung an römische Legionäre. Die ersten Gole erschienen 1870 und 1890 im Stadtbild von Riedlingen. Die damaligen Masken waren aus Pappmaché und sind im Narrenschopf Bad Dürrheim ausgestellt. Zwecks längerer Haltbarkeit wurden die Nachfolgemasken aus Kunststoff hergestellt, etwas unhistorisch, aber sinnvoll.

Über die Entstehung des Wortes »Gole« ist man noch im Unklaren. Die einen meinen, es komme von der biblischen Gestalt des »Goliath«. Wie er von Riedlingen zu den Philistern kam, erzählt das in Riedlingen oft gesungene »Gole-Lied«. Der Gole wuchs vor 4.000 Jahren in Riedlingen auf und überragte bald alle an Kraft und Größe. Eines Tages schwamm er die Donau hinunter bis ins Schwarze Meer und trat bei den Philistern in den Dienst, wo er sich bis zum General hocharbeitete. Am Ende wurde er von dem kleinen David im Zweikampf besiegt und verlor dabei sein Leben. Andere führen das Wort »Gole« auf das Verb »johlen« zurück, was so viel heißt wie schreien oder jubeln.

Mittlerweile werden die Gole von einer Leibgarde eskortiert. Ebenfalls wie der Gole angezogen, aber mit kleinerer Maske begleiten sie beim Umzug die Riesen durch die Straßen.

Etwa alle zehn Jahre findet in Riedlingen ein Narrentreffen statt. Dann wächst der Gole ins Überdimensionale, er wird zum närrischen Stadttor. Sein Helmbusch überragt die dahinterliegenden Fachwerkhäuser, und durch sein offenes Maul können sogar Busse fahren.

Adresse 88499 Riedlingen. Alle Informationen über die Riedlinger Fasnet sind unter www.gole.de zu finden. | **ÖPNV** vom Bahnhof mit der Linie 395 bis Haltestelle Marktplatz | **Anfahrt** von B 311 1,5 Kilometer in die Innenstadt, Parkplatzsuche etwas schwierig | **Tipp** Riedlingen hat eine wunderschöne Innenstadt mit herrlichen Fachwerkhäusern, reizvollen Einkehrmöglichkeiten und sowohl lebenden als auch bemalten Störchen.

79 Hüblers Feuerwehrmuseum

Ein Leben für die Feuerwehr

Von seiner Jugend an war Günther Hübler ein begeisterter Feuerwehrler. Er beließ es jedoch nicht bei Feuerwehrproben und Einsätzen, sondern begann schon früh alles zu sammeln, was im Zusammenhang mit der Feuerwehr stand. Zuerst waren es alte Helme, Spielzeugautos, Orden, Handspritzen und Eimer. Doch mit der Zeit gesellten sich Spritzenfahrzeuge, Löschgeräte, Leitern, Uniformen und zuletzt zwei Motorfahrzeuge hinzu. Irgendwann reichte der Platz zum Ausstellen nicht mehr aus, und Hübler erwarb eine baufällige Scheune im Stadtzentrum von Riedlingen, die er zu einem schmucken Museum mit 200 Quadratmeter Ausstellungsfläche ausbaute. 2008 fand die Einweihung statt.

Wer im Erdgeschoss die Halle mit den Großgeräten betritt, wirft automatisch zuerst einen Blick auf die beiden knallroten, motorisierten Fahrzeuge. Beide können auf einen ungewöhnlichen Lebenslauf zurückblicken. Das eine, von der Ulmer Firma Magirus stammend, tat jahrzehntelang in den Niederlanden und Neuseeland seinen Dienst, bevor es von Günther Hübler zurückgeholt und sorgfältig restauriert wurde.

Das andere Fahrzeug aus dem Jahre 1925 war bis in die 70er Jahre für eine amerikanische Feuerbrigade im Einsatz und kam auf dem Umweg über Australien nach Riedlingen. Bei feierlichen Anlässen verlässt es das Museum und knattert dann, sehr zur Freude der Menschen, gemütlich über die Straßen Oberschwabens. Daneben bietet das Museum alles Erdenkliche, was mit dem Feuerwehrwesen zusammenhängt, liebevoll restauriert, schön beleuchtet in Vitrinen, sinnvoll geordnet und sorgfältig beschriftet.

Bei allem Lob für den Sammler und Bastler Günther Hübler ist es notwendig, auch seine Frau zu erwähnen, die immer großes Verständnis für das außergewöhnliche Hobby ihres Mannes gezeigt hat.

Adresse Feuerwehrmuseum Riedlingen, Mühlgasse 15, 88499 Riedlingen / Donau, Ansprechpartner: Günther Hübler, Tel. 07371 / 7140 | ÖPNV vom Riedlinger Bahnhof mit der Linie 395 bis Haltestelle Marktplatz | Anfahrt von der B 311 auf der Hindenburgstraße in die Innenstadt | Öffnungszeiten Sa und So 14–17 Uhr und nach Vereinbarung. Für Gruppen ist eine Terminabsprache erforderlich. Eintritt frei, Spende erwünscht. | Tipp Unweit vom Feuerwehrmuseum steht auf dem Weibermarkt der Narrenbrunnen mit interessanten Details der Riedlinger Fasnet.

80_Das Museum »Schöne Stiege«

Feierabendziegel und noch vieles mehr

Das Herstellen von Dachziegeln war früher eine harte Arbeit. Bis aus dem Lehm ein fertiger Ziegel entstanden war, brauchte es viele Handgriffe: Das in der Lehmgrube gewonnene Ausgangsmaterial musste zuerst gesäubert werden. Der mit Wasser aufbereitete Lehm wurde von Hand in Eisen- oder Holzformen gefüllt und vorgetrocknet. Um den Ziegel wasserdicht zu machen, wurde er zum Schluss noch gebrannt. Bis zu tausend Stück schaffte ein Ziegler mit seinen Gehilfen pro Tag. Der letzte Ziegel der Tagesproduktion erhielt ein besonderes Aussehen. Er wurde entweder mit einem religiösen Symbol oder mit einem Spruch versehen, so wie der Riedlinger Ziegler »Gottlob es ist vollbracht 1878 von A[nton] Schneider gemacht …« auf seinen letzten Ziegel schrieb. Feierabendziegel als Thema für eine Ausstellung zu wählen war die ungewöhnliche Idee des Museumsleiters Winfried Aßfalg, der im Jahre 2013 50 Exemplare dieser seltenen Dachziegel aus der ganzen Region zusammengetragen hat.

Jedes Jahr zeigt das nach seiner schönen Außentreppe benannte Heimatmuseum eine neue interessante Ausstellung.

Darüber hinaus bietet das Museum einen umfassenden und bunten Überblick über die Riedlinger Stadtgeschichte, angefangen von archäologischen Fundstücken bis hin zum neuesten Schnellkochtopfmodell der Firma Silit. Einzelstücke wie eine Zellentür des ehemaligen Gefängnisses mit Sichtfensterchen und Essensklappe beeindrucken besonders die kleinen Besucher und lassen sie erschauern. Ebenso interessant für Kinder wie Erwachsene ist das Lamellenbild der Heiligen Familie in der Bürgerstube. Dank einer raffinierten Maltechnik verändert sich das Bild je nach dem Standort des Betrachters.

In unmittelbarer Nähe des Museums gibt es noch die Galerie, die das Angebot des Museums durch hochwertige Kunstwerke ergänzt.

Adresse Rösslegasse 1, 88499 Riedlingen, Tel. 07371/909071 | **ÖPNV** vom Riedlinger Bahnhof mit der Linie 395 bis Haltestelle Marktplatz | **Anfahrt** von B 311 auf der Hindenburgstraße in die Innenstadt, Parkplatzsuche etwas schwierig | **Öffnungszeiten** Ende März–Anfang Dez. Fr, Sa 15–17 Uhr, So 14–17 Uhr | **Tipp** Die Klöster Obermarchtal und Heiligkreuztal besaßen repräsentative Stadthäuser in Riedlingen. An der Südwestecke des Marktplatzes steht das ehemalige Stadthaus des Klosters Obermarchtal mit seinem imposanten Fachwerkgiebel. In der Langen Straße sind an der Fassade des Heiligkreuztaler Stadthauses Szenen aus der Geschichte der Stadt aufgemalt.

81 Die Storchenkamera auf dem Kirchturm

Big Brother am Storchennest

Riedlingen ohne Störche wäre wie ein Hemd ohne Knöpfe. Die beiden Storchenhorste auf dem Rathaus und dem Dornerhaus sind aus dem Stadtbild nicht mehr wegzudenken. Ab Mitte März beginnt auf den beiden Dächern ein eifriges Treiben. Es wird gebaut, gestritten, geliebt und gebrütet, vor allem aber heftig geklappert. Der gemeine Riedlinger und der Tourist macht sich keine weiteren Gedanken, was dies im Einzelfall zu bedeuten hat, er freut sich einfach über die Anwesenheit der wunderschönen Großvögel.

Dabei ist es spannend, herauszubekommen, was sich dort oben tatsächlich abspielt, allerdings benötigt man dazu eine gute Sicht auf die Wohnstube der Störche. Dafür ist mittlerweile durch eine am Kirchturm installierte Webcam gesorgt.

Regelmäßig schreiben Mitglieder des NABU Riedlingen die wichtigsten Ereignisse auf ihre Website. Hier erfährt man zum Beispiel, dass im Jahre 2010 die Beziehung zwischen dem wohl weltweit ältesten Storchenpaar plötzlich zu Ende gegangen ist. Der 31-jährige Storchenopa verließ seine 36 Jahre alte Partnerin und bandelte mit einer 24 Jahre jüngeren Storchendame aus dem Nachbarort Ertingen an. Daraufhin angelte sich die zurückgebliebene Storchenoma einen zwei Jahre alten Teenager. Das neue Liebesleben ist ihr allerdings nicht gut bekommen. Mehrmals wurde sie entkräftet aufgelesen und musste vom »Storchendoktor« Müller aus Herbertingen aufgepäppelt werden, bevor sie wieder zu ihrem ungestümen Freier zurückkehren konnte. Dramatisch wird es, wenn der Nachwuchs um sein Überleben kämpft. In nasskalten Frühsommern überleben manchmal nur 20 Prozent der Jungtiere. Dann ist wie so oft wieder die Feuerwehr gefragt, die den NABU bei der Entsorgung der Kadaver, der Reinigung und Reparatur der Nistplätze und der Beringung der Jungstörche unterstützt.

Adresse Rathaus, Marktplatz 1, 88499 Riedlingen | ÖPNV vom Riedlinger Bahnhof mit Linie 395 bis Haltestelle Marktplatz | Anfahrt von B 311 auf der Hindenburgstraße in die Innenstadt, Parkplatzsuche erfordert etwas Geduld | Tipp An der Südwestecke des Marktplatzes erinnert eine Bronzeplastik an die früheren Schweinemärkte.

82_Der Hängegarten

Hier hängt ja gar nichts!

»Große Dinge werfen ihre Schatten voraus«, erklärt mir lächelnd Herr Johannsen und legt das Besteck für das nachfolgende Mittagsmahl sorgfältig auf den Tisch. Und Herr Johannsen hat nicht übertrieben. Der von seiner Frau zubereitete Apfelpfannkuchen schmeckt vorzüglich. Auch was sonst auf der kleinen, aber feinen Speisekarte auftaucht, verspricht Gutes.

Selbstverständlich kommt man nicht nach Neufra wegen der Küche, sondern wegen des Renaissancegartens, der vor 25 Jahren wieder zu neuem Leben erweckt wurde. Damals begann Frau Johannsen, Schloss- und Gartenanlage nach alten Plänen zu sanieren.

Erbaut wurde der Garten ab 1569 aufgrund statischer Notwendigkeiten. Da der Untergrund seines Schlosses stets sehr unruhig war, entschloss sich Graf Georg von Helfenstein, mit Hilfe seiner 200 Leibeigenen, seine Burganlage durch starke, vorgeschobene Stützmauern, die »in den Hang« hineingebaut wurden, zu sichern. Daher der Name »Hängegarten« oder »hängende Gärten«. Als Nebenprodukt entstanden große Gewölbekeller und ein etwa 20 Ar großes Plateau, auf dem der Adlige einen Garten im Stil seiner Zeit anlegen ließ. Auf der durch Buchshecken abgegrenzten, klar gegliederten Anlage kann man sich gut vorstellen, wie sich der Graf damals mit seinen Gästen darin bestens amüsierte.

Amüsieren kann man sich auch heute noch, auch ohne Perücke und Dienerschaft. Der Garten mit einer ausgewogenen Mischung von Blumenbeeten und Grünflächen ist gut gepflegt und lädt den Besucher zu einer besinnlichen Ruhepause ein. Den herrlichen Blick über das Donautal gibt es umsonst dazu. Wer sich längere Zeit aufhalten will, kann sich im Turm ein Zimmer mieten, urgemütlich, genau wie der Gewölbekeller, der für Festivitäten gemietet werden kann. Dem betagten Ehepaar Johannsen ist von Herzen zu wünschen, dass es noch viele Jahre dieses Kleinod pflegen und betreiben kann.

Adresse Stiftung Historischer Hängegarten Familie Johannsen, Schlossberg 12, 88499 Riedlingen-Neufra, Tel 07371/5700, info@haengegarten.de | **ÖPNV** von Riedlingen ZOB/Bahnhof mit RAB Bus 393 nach Neufra, Haltestelle Bundesstraße | **Anfahrt** B 311 zwischen Riedlingen und Herbertingen, Abfahrt Neufra, Hängegarten ist gut ausgeschildert | **Tipp** Wer auf der Suche nach einem echten Nervenkitzel ist, kann an den Schwarzachtalseen bei Ertingen Bungee jumpen. Danach kann man sich im Restaurant Palmbeach bei südlichem Flair am See erholen.

83__Die Brauerei Blank

Der Braukessel auf der Tropfsteinhöhle

Als im Jahre 1892 Braumeister Blank darangeht, seinen Braukeller zu vergrößern, macht er die Entdeckung seines Lebens. Unter seinem Haus befindet sich eine echte Tropfsteinhöhle! Selbstverständlich findet er noch ein anderes Plätzchen für seinen Keller, nach und nach bauen seine Nachfahren die Höhle zu einem Besuchermagnet aus. Somit ist die Brauerei Blank die einzige Kleinbrauerei der Welt mit eigener Tropfsteinhöhle.

Doch die Höhle ist nicht die einzige Attraktion, die der Familienbetrieb in der vierten Generation zu bieten hat. Braumeister Thomas Blank braut noch eigenhändig täglich sein Bier selbst. Er achtet dabei stets auf höchste Qualität bei jedem Schritt des Brauvorgangs. Das beginnt mit dem Schroten des Gerstenmalzes in der eigenen Mühle auf dem Dachboden und endet mit der Lagerung des Suds im zehn Meter tiefen Felsenkeller. Dadurch erhalten sich in seinem Bier noch alle Vitamine, Nährstoffe und Spurenelemente, ein wahrhaft gesundes Getränk.

Während Sohn Thomas sich um die Herstellung des Biers kümmert, ist Vater Karl zuständig für die Brennerei. Über 20 verschiedene Schnäpse und Liköre stehen im Regal zum Verkauf, nur aus besten Zutaten gebrannt.

Die Erzeugnisse von Vater und Sohn finden hauptsächlich in der eigenen Brauereiwirtschaft ihre Abnehmer. Die urgemütliche Gaststube ist täglich gut gefüllt, ein Plätzchen findet man trotzdem, denn die Gäste rücken gerne zusammen.

Mutter Ingrid hat hier das Sagen. In ihrer Küche entstehen aus der Hand der gebürtigen Badenerin herzhafte, bodenständige schwäbisch-badische Gerichte, die manchem Gast eine Reise wert sind.

Und falls spätabends mal ein Gast partout nicht nach Hause will, wird ihm im wörtlichen Sinn freundlich der hauseigene Marsch geblasen, geschrieben vom Komponisten Blank für den Braumeister Blank und zünftig gespielt von der Zwiefaltendorfer Blaskapelle.

Adresse Brauerei Blank, Von-Speth-Straße 19, 88499 Riedlingen-Zwiefaltendorf, Tel. 07373/643 | ÖPNV von Riedlingen ZOB/Bahnhof mit Regionalbus 320 nach Zwiefaltendorf | Anfahrt B 311 Riedlingen-Ehingen, Abfahrt Zwiefaltendorf | Öffnungszeiten Mo–Sa Besichtigung der Tropfsteinhöhle, bitte vorher anmelden | Tipp Das malerisch an der Donau gelegene Schloss am Ortseingang mit seinem großzügigen Park kann für kleine und große Veranstaltungen gemietet werden. Herrschaftliches Ambiente garantiert.

84_Der Osterbrunnen

Schöner kann man nicht verpacken

Es ist vermutlich das größte Gemeinschaftsprojekt, das die Einwohner des kleinen Städtchens Scheer jährlich auf die Beine stellen. In einer Lagerhalle warten 1400 bemalte Plastikeier, 700 Meter Draht und Berge voll Grünzeug aus den örtlichen Gärten darauf, als Dekoration für einen Osterbrunnen verarbeitet zu werden. Vor allem aber bedarf es vieler fleißiger und geschickter Hände, die aus dem Material einen der prächtigsten Osterbrunnen Süddeutschlands gestalten. Wenn die vielen Koniferen- und Buchszweige zurechtgeschnitten und zu Büscheln zusammengefasst sind, werden sie mit Draht an Metallbögen und zusätzlich an ein 18 Meter langes Seil gebunden. Bereits im Herbst werden die Plastikeier rot, gelb und blau gespritzt und von großen und kleinen Künstlern liebevoll verziert.

Der spannendste Moment ist sicher, wenn der Brunnen kurz vor Ostern dekoriert wird. Das Seil bildet einen Kranz um den Brunnenrand, die Bögen vergrößern optisch das ganze Bild, und die bemalten Eier verleihen dem Kunstwerk seinen österlichen Glanz.

Als Grundgerüst für den Osterbrunnen dient der sogenannte Kondebrunnen. »Konde« ist der oberschwäbische Ausdruck für einen Handwerksburschen auf der Walz. Die Konden trafen sich alljährlich am Fasnetsdienstag in Scheer. 15 Mitglieder dieser Kondevereinigung erstellten an ihrem jährlichen Treffpunkt einen Brunnen, um ihrer Zusammengehörigkeit ein Denkmal zu setzen. Der auf dem Brunnen stehende »Konde« wurde von dem Saulgauer Künstler Leeuw geschaffen, die vier Wasserspeier in Maskenform sind einer örtlichen Fasnetsfigur nachempfunden.

Die wiedererwachende Tradition der Osterbrunnengestaltung hat tief liegende religiöse Wurzeln durch die Verknüpfung von Wasser und Ostersymbolen. So wie man ohne Wasser auf der Erde nicht leben kann, ist ohne den auferstandenen Jesus für einen Christen kein Glaube möglich, lautet die theologische Erklärung.

Adresse Hindenburgplatz, 72516 Scheer | ÖPNV von Sigmaringen Bahnhof und Mengen Bahnhof mit RAB 393 nach Scheer, Haltestelle Donaubrücke | Anfahrt Scheer liegt direkt an der B 32 Mengen-Sigmaringen | Tipp Direkt neben dem Brunnen ist das Restaurant »Brunnenstube«, eines der bekanntesten Feinschmeckerrestaurants der Region.

85__Der Strohpark

Strohgescheite Kunstwerke

»Nach dem Strohpark ist vor dem Strohpark«, so hört man die Schwenninger vom großen Heuberg reden, wenn sie nach fünf Wochen Ausstellungsdauer ihre goldgelben Kunstwerke wieder abbauen, nachdem sie von Tausenden Besuchern bewundert worden sind.

Ob man diesmal zu den Preisträgern des ausgeschriebenen Wettbewerbs gehört hatte oder nicht, ist zweitrangig. Sicher ist: Das nächste Jahr ist man wieder dabei. Und so gehen Bastelgruppen, Vereine, Firmenchefs, Kinder und Einzelkämpfer ab November wieder auf die Suche nach einer zündenden Idee für die neue Saison.

Was dann bei der nächsten Eröffnung präsentiert wird, ist beeindruckend: Da steht eine begehbare Ritterburg neben dem Eiffelturm, ein einspänniges Fuhrwerk wird von dem Fuhrmann über die Wiese gelenkt, ein Hubschrauber landet auf dem Festplatz, und ein Wikingerschiff, fast in Originalgröße, segelt gerade auf die Besucher zu. Alles aus Stroh gebaut, versteht sich. Und wenn sich dann noch eine Giraffe wundert, warum es in Schwenningen plötzlich zwei fast gleiche Kirchen gibt, einmal aus Stein, einmal etwas kleiner aus Stroh, dann bekommen nicht nur die kleinen Gäste strahlende Augen.

Die Idee zu dieser einzigartigen Ausstellung entstand Ende der 90er Jahre beim örtlichen Handels- und Gewerbeverein. Er suchte nach einem außergewöhnlichen Ereignis, das den Ort wenigstens einmal jährlich zum Besuchermagneten machte, mit Erfolg, wie man heute sieht. Der Strohpark ist mittlerweile so berühmt, dass die örtlichen Vereine alle Hände voll zu tun haben, die Besucherströme zu betreuen und zu verköstigen. Der Erlös aus der Bewirtung kommt hauptsächlich den Vereinen zugute. Die Strohkünstler kommen aber auch nicht zu kurz. Neben dem kostenlosen Material erhalten die von einer hochkarätigen Jury ausgewählten Sieger für die schönsten Beiträge einen ansehnlichen Preis und jeder Teilnehmer ein reichhaltiges Essen.

Adresse Stettener Straße, 72477 Schwenningen / Heuberg, Info-Tel. 07579 / 1730 oder 07579 / 933291 | **ÖPNV** von Sigmaringen Bahnhof direkte Verbindung mit RAB 7427 nach Schwenningen / Baden, Haltestelle Abzw. Stetten | **Anfahrt** von der B 313 zwischen Meßkirch und Sigmaringen bei Rohrdorf auf die L 196 abbiegen, in Hausen im Tal auf die L 196 Richtung Schwenningen abbiegen, der Strohpark ist bei der Heuberghalle | **Tipp** Eine Wanderung nach Schloss Werenwag (privat) ist sehr lohnend. Vom benachbarten Echofelsen hat man einen herrlichen Ausblick auf das Donautal und die Burg.

86 Der Adventskalender

Die umfunktionierte Fassade

Darauf wäre der Sigmaringer Architekt Friedrich Imbery niemals gekommen, dass sein im Jahre 1925–1927 erbautes Rathaus im Herzen von Sigmaringen als Adventskalender dienen könnte. Aber schließlich befinden sich in der Fassade exakt 23 Fenster und eine Tür, das bietet sich an. Trotzdem kam man erst vor wenigen Jahren auf die Idee mit dem Adventskalender. Seitdem setzt sich ein Team schon im September zusammen, um rechtzeitig zum 1. Advent festlich das 1. Fenster öffnen zu können. Derweil basteln Kindergärten, Schulen, Vereine und andere Einrichtungen an der Fenstergestaltung. Schließlich will jeder der Öffentlichkeit ein möglichst originelles Fenster präsentieren.

Ab dem 1. Adventssonntag versammeln sich eine Menge Kinder und Erwachsene allabendlich um 17 Uhr auf dem Rathausplatz, um die Öffnung des nächsten Fensters zu erleben. Anschließend geht es in den zum Adventszimmer umfunktionierten historischen Sitzungssaal. Dort hat die Gruppe, die das Fenster für diesen Tag angefertigt hat, die Gelegenheit, sich den Anwesenden vorzustellen, begleitet von einer Musikgruppe, die das Ganze mit vorweihnachtlichen Melodien untermalt.

Zum vorweihnachtlichen Flair trägt in Sigmaringen auch die direkt vor dem Rathaus aufgestellte Kunsteisbahn bei. Von Dezember bis zum 7. Januar ziehen Jung und Alt mit Schlittschuhen an den Füßen auf dem Kunsteis ihre Bahnen. Morgens verlegen Schulen aus der ganzen Region sehr zum Vergnügen der Schüler ihren Sportunterricht auf das Eis. Schlittschuhe werden gegen eine kleine Gebühr zur Verfügung gestellt.

Wenn im Advent abends am Rathaus die schon eröffneten Fenster erleuchtet sind und die Menschen auf der Eisbahn elegant ihre Runden drehen, bietet der Rathausplatz eine traumhaft weihnachtliche Kulisse. Wahrlich eine gelungene Idee und ein ungewöhnlicher Besuchermagnet!

Adresse Rathaus, Fürst-Wilhelm-Straße 15, 72488 Sigmaringen; Tourist-Info: Leopoldplatz 4, Tel. 07571/106224 | **Anfahrt** von B 32 und B 313 den Wegweisern in die Innenstadt folgen, gute und günstige Parkmöglichkeit vor der Stadthalle | **Tipp** Schloss besichtigen; Adresse: Karl-Anton-Platz 8, 72488 Sigmaringen; Öffnungszeiten: täglich, Sommersaison 9–18 Uhr, Wintersaison 10–16 Uhr.

87 Die Hängebrücke

Überquerung mit Schaukeleinlage

Gartenschauen werden von Städten nicht nur veranstaltet, um Besuchern von nah und fern ihre Stadt in möglichst bunter Blumenpracht zu präsentieren. Ziel ist es immer, durch bleibende bauliche Maßnahmen die Attraktivität und den Freizeitwert der Stadt zu steigern. Da im Rahmen der Gartenschau auch immer Zuschüsse vom Land in die Stadt fließen, werden Infrastrukturmaßnahmen in Angriff genommen, die ansonsten vielleicht nie zustande gekommen wären.

So geschah dies auch in Sigmaringen im Jahr 2013. Bei der Planung erkannte man die Chance, bislang brachliegende und ungenutzte Flächen in ein Gesamtkonzept einzubeziehen, das den Einwohnern der Stadt und des Umlands auf Dauer eine attraktive Freizeit- und Erholungslandschaft mit unmittelbarer Anbindung an das Stadtzentrum bieten sollte. Die Donau, das dominierende Element des Sigmaringer Landschaftsbildes, sollte auch im Mittelpunkt der Gartenschau und des daraus sich später entwickelnden Parks werden.

Um beide Ufer der Donau für die Gartenschau und für die neu entstandenen Freizeitanlagen nutzen zu können, wurde eine Fußgängerbrücke notwendig. Die beiden bestehenden Brücken waren sehr weit entfernt und außerdem sehr verkehrsbelastet. Die Planer wünschten sich eine unaufdringliche und gleichzeitig auch pfiffige Konstruktion. Dafür bot sich der Bau einer Hängebrücke aus Stahl an. Der Gemeinderat willigte ein, auch weil der Kostenansatz sehr günstig erschien. Während des Baus drohte das Projekt fast zu scheitern, da die Kosten für das Bauwerk wesentlich höher als geplant waren. Doch letztendlich wurde der Bau vollendet, und Zigtausende von Gartenschaubesuchern überquerten, teils freudig, teils ängstlich, das wackelige und schaukelnde Bauwerk aus Stahl.

Heutzutage will niemand mehr die Hängebrücke über die Donau missen, sie ist schließlich zu einer neuen Sehenswürdigkeit Sigmaringens geworden.

Adresse Die Hängebrücke verbindet den Festplatz bei der Stadthalle (Georg-Zimmerer-Straße 4, 72488 Sigmaringen) mit dem Jugendfreizeitbereich am anderen Donauufer. | Anfahrt von B 32 und B 313 den Wegweisern in die Innenstadt folgen, gute und günstige Parkmöglichkeit vor der Stadthalle | Tipp Der Jugendfreizeitbereich bietet Skateboardanlagen, Beachvolleyballfelder, Liegewiesen mit Hängematten und einen Grillplatz. Das neu gestaltete Bootshaus daneben besitzt einen herrlichen Biergarten und eine Dachterrasse.

88 Die Konditorei Seelos

Pralinen mit fürstlichem Segen

Es war im Jahre 1900, als Alois Seelos vom Fürsten ein Dokument überreicht wurde mit dem Wortlaut: »Wir, Leopold, von Gottes Gnaden Fürst von Hohenzollern, haben uns gnädigst bewogen gefunden, das [...] Prädikat als Fürstlicher Hofkonditor [...] zu übertragen und darüber gegenwärtig Urkunde ausstellen zu lassen.«

Ehre verpflichtet, sagen sich die heutigen Inhaber des Ladens, Stefan und Michael Huthmacher, und stellen nach wie vor höchst delikate Süßigkeiten her, was ihnen auch 100 Jahre später erlaubt, den Titel Hofkonditor zu tragen. Man spürt schon beim Betreten des Cafés, dass im »Seelos« Wert auf Tradition gelegt wird. Das Inventar ist seit Jahrzehnten unverändert und besitzt nach wie vor den Charme der 70er Jahre, was sowohl die Stammgäste als auch Spontanbesucher zu schätzen wissen, die mal kurz vorbeischauen und dann von den Schulpausen schwärmen, in denen sie sich hier in ihrer Jugendzeit getroffen haben.

Was aber das »Seelos« wirklich weithin bekannt macht, sind nicht das nostalgische Ambiente und die Torten und Kuchen, sondern seine Pralinen. Die Vielfalt, in der diese Köstlichkeiten angeboten werden, ist beeindruckend. Da gibt es nicht nur einfach Trüffelpralinen, sondern mindestens 15 verschiedene Sorten wie Marc-de-Champagne-, Campari-Orange-, Whiskey- oder Calvadostrüffel. Beim Marzipan unterscheiden die beiden Patissiers zwischen Pistazien-, Orangen-, Amarenamarzipan und noch weit mehr Varianten. Selbst von den um Weihnachten begehrten Dominosteinen gibt es tatsächlich elf verschiedene Spielarten, unter anderem mit Mango-, Cassis- oder Aprikosenaroma.

Dass diese Spezialitäten ihren Preis haben, stört die Kunden wenig. Schließlich soll man die kleinen, süßen Kunstwerke nicht einfach nur verzehren, sondern jedes einzelne auf der Zunge zergehen lassen und dabei den Geschmack am besten mit geschlossenen Augen auskosten.

Adresse Hofkonditorei Café Seelos, Fürst-Wilhelm-Straße 22, 72488 Sigmaringen, Tel. 07571/684123. Das »Seelos« liegt direkt unter dem Schloss vor dem Rathaus. | **Anfahrt** von B 32 und B 313 den Wegweisern in die Innenstadt folgen, gute und günstige Parkmöglichkeit vor der Stadthalle | **Öffnungszeiten** Mo–Sa 9–18 Uhr, So und Feiertage 9.30–18 Uhr | **Tipp** In etwa 200 Metern Entfernung, in der Antonstraße 34, gibt es noch ein weiteres Traditionscafé, das Café Schön, das gerne in der Qualität und im Ambiente mit dem »Seelos« wetteifert.

89__Die Aladin Bar im »Schlack«

1001 Nacht im Hotelkeller

Die zum sonst eher biederen Tuttlingen nicht so recht passende Bar im Keller des Hotels Schlack mit ihrem orientalischen Flair hat schon wesentlich bessere Zeiten erlebt. Das »Schlack« war zwischen 1937 und 1984 mit Ausnahme der Kriegsjahre ein Magnet für tanz- und unterhaltungsbegeisterte Menschen von nah und fern. Der rührige Chef Paul Schlack engagierte die bekanntesten Showbands Europas, Hazy Osterwald und Jochen Brauer gaben sich die Türklinke in die Hand. Im mit Palmen geschmückten Tanzsaal achtete man auf gutes Benehmen und anlassgerechte Bekleidung. Ohne Krawatte wurde niemand eingelassen, wobei man sich im Notfall eine an der Kasse ausleihen konnte.

Paul Schlack waren die strengen Sperrstundenregelungen der 60er und 70er Jahre viele Jahre ein Dorn im Auge. Man musste meistens aufhören, wenn die Stimmung auf dem Höhepunkt war und der Laden richtig lief. Er fand einen Ausweg. Da Kellerbars wesentlich großzügigere Sperrzeiten hatten, lag es nahe, die Kellerräume gastronomisch zu nutzen. Ein befreundeter Architekt baute das Ganze im orientalischen Stil aus. Seitdem zogen zur Sperrstunde die Musikanten die Stöpsel aus ihren kleinen Verstärkern, nahmen Instrumente und Boxen in die Hand und zogen in die Aladin Bar im Keller. Schon wenige Minuten später ging das Vergnügen weiter, mit gelockerter Krawatte und höher fliegenden Röcken.

Mit dem aufkommenden Discofieber erlosch in den 80er Jahren das Interesse an der traditionellen Tanzkultur und damit leider auch das Licht im Tanzcafé Schlack.

Die allmonatliche Öffnung der Aladin Bar lässt bei manchem Tuttlinger die Erinnerung an diese alten Zeiten wieder wach werden. Vielleicht hat er sogar den Mut, mit der damaligen Dame seines Herzens nochmals ein stilvolles Tänzchen zu wagen.

Adresse Hotel Schlack, Bahnhofstraße 53–59, 78532 Tuttlingen, Tel. 07461/9440 | ÖPNV vom Bahnhof oder ZOB mit Stadtbus Linie 7 oder SBG Bus 50 zur Haltestelle Haller/Stadtgarten | Anfahrt auf dem Aesculap-Platz (großer Kreisverkehr) von B 311 und B 14 in Bahnhofstraße Richtung Innenstadt einbiegen | Tipp Beim Hotel Schlack beginnt die Einkaufsmeile von Tuttlingen mit einem großen Modehaus.

90 Das »Alte Krematorium«

Oben Dur, unten Moll

Als im Jahre 2003 durch die Tagespresse bekannt wurde, dass das alte Krematorium in der Stockacher Straße abgerissen werden sollte, ging ein heftiger Aufschrei durch die Tuttlinger Bevölkerung. Das ehemalige Krematorium gehörte zum Stadtbild wie das Rathaus und die Honbergruine.

Im Handumdrehen entstand eine Initiative, deren Ziel es war, das renovierungsbedürftige Gebäude zu sanieren und der Öffentlichkeit zugänglich zu machen. Mit einer sehr rührigen Vorsitzenden und einem namhaften Architekten an der Spitze schaffte es die Initiative, fast eine halbe Million Euro Spenden zusammenzubringen und innerhalb von fünf Jahren dieses besondere Denkmal so zu renovieren, dass es noch auf lange Zeit für Tuttlingen erhalten bleiben kann.

Das in den Jahren 1926/27 erbaute Gebäude ist in vieler Hinsicht einmalig. Die Architektur erinnert bewusst an das Schloss Solitude bei Stuttgart. Bezüglich der künstlerischen Ausstattung fallen besonders die prachtvollen Glasmalereien und Lampen ins Auge. Die Motive für die Glasfenster sind so geschickt gewählt, dass deren Inhalte sowohl christliche als auch kirchenferne Trauergäste verstehen können. Bei der Farbgestaltung der Innenräume wurde bei der Renovierung sehr genau darauf geachtet, die Originalfarben, nämlich Violett und Zitronengelb, wieder auf die Wand zu bringen. Während die Räume im Erd- und Obergeschoss für den Konzert- und Ausstellungsbetrieb sehr gut geeignet sind, stehen im Keller noch die alten Brennöfen samt Zubehör. Im Asservatenschrank liegen noch Metallteile, die beim Verbrennen übrig geblieben waren.

Aus dem alten Krematorium ist mittlerweile ein Kulturhaus geworden, in dem das ganze Jahr über Ausstellungen und Konzerte stattfinden. Eine sehr sinnvolle Nutzung! Und wer begeistert einer der vielen Musikveranstaltungen zuhört, vergisst schnell, dass direkt unter ihm einmal Leichen verbrannt wurden.

Adresse Kulturhaus Altes Krematorium, Stockacher Straße 5/1, 78532 Tuttlingen. Das Programm des Kulturhauses findet man unter www.kulturhaus-tuttlingen.de. | Anfahrt von B 14/311 aus Richtung Ulm oder Bodensee am Ortsanfang von Tuttlingen in die Stockacher Straße einbiegen und circa 2 Kilometer bis fast zum Ende weiterfahren, Parkplatz direkt vor dem Haus | Tipp Das Kulturhaus steht auf dem alten Friedhof, einem herrlichen Park, in dem noch einige wenige alte Grabmale an den früheren Verwendungszweck erinnern.

91 Das »Irish«

Guinness, Peanuts und 100 Sorten Whisky

Die Zahlen sprechen für sich. Der Umsatz des »Irish« liegt vermutlich über dem der gesamten restlichen Tuttlinger Gastronomie. Das ist Grund genug, nach dem Erfolgsrezept dieses Lokals zu forschen. Ein Hauptgrund ist sicherlich das Ambiente. Das »Irish Pub« ist perfekt im Stil einer irischen Kneipe eingerichtet. Das ganze Mobiliar besteht aus schwarzem Teakholz. Die Armlehnstühle sind mit dunkelbraunem Glattleder gepolstert und so bequem, dass man am liebsten gar nicht mehr aufstehen will. Rotgemusterte Tapeten bilden den Hintergrund für Hunderte von leeren Whiskyflaschen und deren Verpackungen, die auf Regalen im ganzen Lokal verteilt sind. Ergänzt wird die Wanddekoration durch Fotos und Blechschilder von der Insel.

Die Innenausstattung ist aber nur ein Teil des Erfolgs, der andere ist der Service. Auch wenn das Lokal brechend voll ist, dauert es nie länger als 15 Minuten, bis das Essen aus der Küche kommt. Wer die Gelegenheit hat, den Chef beim Training seines Personals zu beobachten, weiß, warum das so funktioniert.

Speisekarte und Getränkeangebot sind ganz auf den Stil des Lokals abgestimmt. Chicken Nuggets und Potato Chips sind der Renner, der Absatz an Guinness und Kilkenny ist beträchtlich, und zur Verdauung empfiehlt sich der Whisky des Monats.

Das Lokal ist mittlerweile eine nicht mehr wegzudenkende Einrichtung Tuttlingens geworden. Hier trinken die Geschäftsreisenden aus der ganzen Welt mit ihren Tuttlinger Partnern aus der Medizintechnik abends noch ein Bier, treffen sich Pärchen zum Stelldichein und lassen es die Fans bei wichtigen Fußballspielen richtig krachen. Dabei stört es niemanden, dass die Schalen der Erdnüsse aus dem Fass am Ende der Theke grundsätzlich auf dem Boden landen.

Am Schluss noch ein Insidertipp für alle männlichen Singles: Das »Irish« ist der inoffizielle Laufsteg für die schönsten Frauen der Region.

Adresse In Wöhrden 3, 78532 Tuttlingen, Tel. 07461/9654801 | Anfahrt auf dem Aesculap-Platz (großer Kreisverkehr) von B 311 und B 14 auf den Bypass Richtung Möhringer Straße, weiter auf Katharinenstraße, Kronenstraße, Gerberstraße, nach links auf die Königstraße, nach 50 Metern rechts in der Straße am Seltenbach ins Parkhaus | Öffnungszeiten Mo–Do 11–1 Uhr, Fr–Sa 11–3 Uhr, So 15–1 Uhr | Tipp Die Einkehr im Pub mit einem Kinobesuch im Scala verbinden. Der Kinopalast befindet sich im gleichen Gebäude.

92 Die Jugendstilstadt

Teufels Teufel und andere Kostbarkeiten

Wer Teufel heißt und überdies noch von Beruf Bildhauer ist, bei dem liegt es nahe, bei der Gestaltung eines neuen Hauses diesen beiden Tatsachen Rechnung zu tragen. Darum verzierte Christian Teufel die Fassade seiner im Schweizer Chaletstil erbauten Villa mit Dämonengesichtern. Das war um 1900 nichts Ungewöhnliches, denn der damals in Mode gekommene Jugendstil verwendete solche Fratzen gerne bei der Gestaltung von Hausfassaden. Das kam dem Bildhauer mit dem Namen Teufel sehr entgegen. Ein hübscher Erker mit Blumenmotiven im Fensterglas unterstrich den Jugendstilcharakter des schmucken Hauses in der Stockacher Straße.

Das spektakulärste Bauwerk in Sachen Jugendstil ist in Tuttlingen die evangelische Stadtkirche. Es gibt kaum ein sakrales Bauwerk in Europa, bei dem die um 1900 revolutionäre Kunstrichtung in dieser Konsequenz umgesetzt wurde. Jugendstilexperten kommen gerne hierher, da hier von den Glasfenstern, floralen Ornamenten, der Fassadengestaltung und den Malereien bis hin zu den Lampen alles an einem Ort konzentriert ist, was der Jugendstil zu bieten hat.

Bei den profanen Bauwerken ist besonders die Fassade des »Schwarzen Adlers« zu erwähnen. Über den Fenstern blicken traubenumrankte, frech grinsende Gesichter dem Gast entgegen, vermutlich eine Anspielung auf den Weingott Bacchus.

Es lohnt sich, in Tuttlingen auf die Spurensuche nach dem Jugendstil zu begeben. Innerhalb einer Stunde kann man in der Innenstadt und deren näherer Umgebung auf zahlreiche Beispiele stoßen. Am besten beginnt man am alten Friedhof bei der Villa Teufel und geht Richtung Innenstadt am ehemaligen Badischen Hof vorbei zur Stadtkirche. In Höhe des Stadtparks wirft man in der Weimarstraße einen Blick auf die Gründerzeitvillen entlang der Uferpromenade. Fast alle sind mit Jugendstilfenstern ausgestattet, die besonders reizvoll sind, wenn sie abends von innen her beleuchtet werden.

Adresse Villa Teufel: Stockacher Straße 3; Evangelische Stadtkirche: Bahnhofstraße 13; Schwarzer Adler: Untere Vorstadt 13; Weimarstraße 7, 15, 29, 78532 Tuttlingen | Anfahrt von B 14/311 aus Richtung Ulm oder Bodensee am Ortsanfang von Tuttlingen in die Stockacher Straße biegen und circa 2 Kilometer bis fast zum Ende weiterfahren, Parkplatz direkt vor dem Haus | Tipp Weitere Jugendstildenkmale finden sich in der Bergstraße 47, der Friedrichstraße 6 und 8 und der Bahnhofstraße 11.

93_Der Kannitverstan

Philosophische Erkenntnis dank Sprachbarriere

In Tuttlingen gibt es für jeden Schüler eine Pflichtlektüre, die er während seiner Schulzeit gelesen haben muss: die Erzählung »Kannitverstan« von Johann Peter Hebel. In dieser Novelle besucht ein etwas einfältiger Tuttlinger Handwerksbursche die große Stadt Amsterdam und bestaunt die prächtigen Häuser und voll beladenen Schiffe. Auf seine Frage, wem das alles gehöre, bekommt er jedes Mal die Antwort: »Kannitverstan«. Wie er so über sein Leben in Armut nachdenkt, sieht er einen Leichenzug und fragt nach dem Namen des Verstorbenen. Als er erneut die Antwort »Kannitverstan« erhält, versöhnt er sich wieder mit seinem Schicksal und kommt zu der Erkenntnis, dass all der Reichtum dieser Welt nicht vor dem Tod bewahren kann.

In Tuttlingen begegnet man dem Kannitverstan auf Schritt und Tritt. Er ist eine wichtige Figur der Tuttlinger Narrenzunft, leiht einem Skatclub und einer Schülerzeitung seinen Namen und kann in Schokolade gegossen in einer Konditorei gekauft werden. Einige Tuttlinger behaupten stolz, sie würden in direkter Linie von dem Handwerksburschen abstammen.

Am eindrucksvollsten ist die lebensgroße Bronzefigur des Tuttlinger Künstlers Roland Martin vor dem Eingang der Kreissparkassenzentrale. Ausgestattet mit Wanderstab, Reisebündel und rundem Hut blickt er verwundert zu einer Gruppe von fünf weiteren Bronzefiguren im Oberdeck, die sich ihrerseits über den einfältigen Wanderburschen lustig zu machen scheinen.

Diese Bronzefigur von Roland Martin ist in verkleinertem Maßstab die höchste Auszeichnung, die die Stadt Tuttlingen derzeit an verdiente Mitbürger zu verleihen hat. Bis jetzt kamen erst zehn Personen in den Genuss des Ehrenpreises. Dabei tut es der Ehrung auch keinen Abbruch, dass mit dem Kannitverstan eigentlich ein reicher Amsterdamer gemeint war, der aufgrund mangelnder Sprachkenntnisse nur im Kopf des Tuttlinger Handwerksburschen existiert hat.

Adresse Kreissparkasse Tuttlingen, Bahnhofstraße 89, 78532 Tuttlingen | **ÖPNV** vom Bahnhof oder ZOB mit Stadtbus Linie 7 oder SBG Bus 50 zur Haltestelle Haller / Stadtgarten | **Anfahrt** auf dem Aesculap-Platz (großer Kreisverkehr) von B 311 und B 14 in Bahnhofstraße Richtung Innenstadt einbiegen | **Tipp** Der Kannitverstan aus Schokolade kann in der Konditorei Ribler, Stadtkirchstraße 12, gekauft werden.

94__Das Murale

Die Träumerin im Doppelpack

Murales, um den Begriff vorneweg zu erklären, sind riesige Kunstwerke, die zwecks Verschönerung des Stadtbildes auf leere Häuserfassaden gemalt werden.

Als man bei der Planung für die Gartenschau 2003 die Häuserfassaden in der Weimarstraße kritisch betrachtete, störte man sich besonders an der kahlen Betonwand des Transformatorenhauses der Stadtwerke. »Schüler könnten doch …«, sagten sich Stadtwerkedirektor und Gartenschaumanager und wandten sich an Kunstlehrer Dinkelaker vom Tuttlinger Immanuel-Kant-Gymnasium, der bereitwillig auf den Vorschlag einging. Unter den Kunstschülern wurde ein kleiner Wettbewerb für die Gestaltung der Fassade ausgeschrieben, aus dem die Fridingerin Sina Schwarz mit ihrem Entwurf »träumende Figur« als Siegerin hervorging.

Nachdem die Stadtwerke die Übernahme aller Materialkosten und jegliche logistische Hilfe zugesagt hatten, ging es darum, den Entwurf auf die 10 x 6 Meter große Betonfläche zu übertragen. Mittels eines alten Schulprojektors wurde nachts eine Skizze an die Wand projiziert und mit Kreide nachgezeichnet. Am darauffolgenden Tag erklommen etwa ein Dutzend junge Künstlerinnen und Künstler das für diesen Zweck aufgestellte Gerüst und malten mit solchem Eifer und solcher Begeisterung, dass das Gemälde am Abend fertig war. Als Sina und ihre Freundin das Bild kritisch vom anderen Ufer aus betrachten wollten, ertönte ein Schrei, begleitet von wilder Tanzerei. Das bewusst auf den Kopf gestellte Traumbild spiegelte sich richtig herum in der Donau. Es waren auf diese Weise zwei Bilder entstanden, eigentlich so nicht beabsichtigt, aber mit Freude angenommen.

Auch nach einem Jahrzehnt hat der Spaziergänger am Donauufer noch seine Freude an dem Tuttlinger Murale, besonders wenn leichte Wellen in der Donau das Spiegelbild in ein impressionistisches Gemälde verwandeln.

Adresse Weimarstraße, 78532 Tuttlingen; bester Blick auf das Gemälde vom Fußweg am nördlichen Donauufer, 50 Meter donauaufwärts vom Rathaussteg | **ÖPNV** vom Busbahnhof fünf Minuten über den Rathausplatz zum Rathaussteg | **Anfahrt** Auf Kreuzung B 14/B 523 in Stuttgarter Straße einbiegen, vor dem Rathaussteg auf Parkplatz »Umläufle« einbiegen. Dort kann man von den vordersten Parkplätzen direkt auf das Murale blicken. | **Tipp** Dank der Trilogie »Stadt Park Fluss« 2003 ist am nördlichen Donauufer ein sehr schöner Park entstanden mit etlichen Kunstwerken und Freizeiteinrichtungen.

95 Der Hechtplatzbrunnen

Die schwarze Schönheit auf dem gusseisernen Sockel

Gibt es da ein dunkles Kapitel in der Geschichte des Möhringer Städtchens? Erinnert etwa die Schwarze auf dem Hechtbrunnen an üblen Sklavenhandel? Auch lange schon im Ort lebende Möhringer können sich so richtig keinen Reim darauf machen, was die barbusige Schönheit auf dem Brunnen im Zentrum zu bedeuten hat.

In der Tat gibt das Denkmal Rätsel auf. Da die Dame einen Schild mit dem Möhringer Wappen in der rechten Hand hält, auf dem ein Mohr abgebildet ist, ergibt sich schon eine Spur zur Klärung des Geheimnisses. Doch diejenigen, die behaupten, es stelle die Möhrin dar, der die Möhringer ihren Namen verdanken, machen es sich zu einfach. Schließlich ist ein weiblicher Mohr keine Möhrin, sondern korrekterweise eine Mohrin.

Zugegeben, da hat auch der deutsche Kaiser Friedrich III., der den Möhringern dieses Wappen verlieh, zur Verwirrung bis in die heutige Zeit beigetragen. Denn der Name des Städtchens entstammt nachweislich der Ortsbezeichnung »merehinga«, wie es einer Urkunde des Klosters St. Gallen zu entnehmen ist. Wenn schon der Mohr auf dem Schild der Brunnenfigur nicht weiterhilft, so lassen Pfeile auf dem Rücken und ein Bogen in der linken Hand die Vermutung zu, dass es sich hier um eine Darstellung der Göttin Diana handelt, allerdings ungewohnt mit schwarzer Hautfarbe. Aber auch in diesem Fall tut man sich schwer, dieses Denkmal in irgendeinen Bezug zur Möhringer Geschichte zu bringen.

Trotzdem steht die 1841 gegossene schwarze Perle mit ihrem vergoldeten Blätterröckchen und Krönchen seit 1935 ganz gelassen auf dem Hechtplatzbrunnen und erfreut sich täglich bewundernder Blicke, besonders an der Fasnet, wenn über ihrem Kopf die gesamte närrische Dekoration zusammenläuft. Der Möhringer, dem die Bedeutung dieses Denkmals ein Rätsel ist, steht nicht alleine da. Es wird letztendlich ein Geheimnis bleiben, was es mit der »Möhrin« auf sich hat.

Adresse Hechtplatz, 78532 Tuttlingen-Möhringen | **ÖPNV** vom Bahnhof Tuttlingen mit Stadtbus Linie 7 nach Möhringen, Haltestelle Hechtplatz | **Anfahrt** Auf der B 311 am Ortsende von Tuttlingen Richtung Immendingen rechts nach Möhringen abbiegen. Die Straße führt direkt bis zum Hechtplatz. | **Tipp** Ein Spaziergang durch das Städtchen ist reizvoll, besonders zum ehemaligen Jagdschloss, in dem heute die Ortsverwaltung und ein Museum untergebracht sind. Prunkstück ist eine Nachbildung der Braun'schen Rechenmaschine. Geöffnet zu den üblichen Sprechzeiten des Rathauses.

96 Die Möhringer Fasnet

Gut gescherbelt

Im Duden steht als Synonym für »scherbeln« zuerst: mit Schwung und fröhlich-ausgelassen tanzen, als Zweites: mit unreiner, spröder Stimme vortragen. Beide Versionen haben ihre Berechtigung. Denn wer tagelang intensiv Fasnet feiert, hat am Ende keine Stimme mehr.

Von maroden Stimmen kann bei den heutigen Scherbelgruppen keine Rede sein. Bei ihren Vorträgen in den Möhringer Lokalen übertreffen sich die Akteure gegenseitig mit ihrer Sangeskunst. Mehrstimmig, auswendig und mit schauspielerischem Talent tragen sie ihre selbst gereimten Verse vor. Aufwendig geschneiderte Kostüme und phantasievoll gebastelte Dekorationen bilden den optischen Rahmen für die Darbietungen, in denen sowohl das Weltgeschehen als auch lokale Probleme und Missgeschicke aufs Korn genommen werden. Da wird man zum Beispiel in das Jahr 2500 nach Christus versetzt, in dem unsere Landschaft nur noch Wüste und der Möhringer Narrenbrunnen der einzige Wasserspender weit und breit ist. Gestandene Männer im Ballettkleidchen erzählen von ihren Erlebnissen als Blumenmädchen bei der Hochzeit, und eine Damenriege im Barockkleid und mit einer Fregatte im Haar singt vom Untergang der Costa Concordia.

Nachwuchssorgen kennen die Möhringer Scherbelgruppen nicht. Am »Schmotzigen Donnerstag« ziehen Kinder-Scherbelgruppen durch das Städtchen und wetteifern mit Gesang und Gedicht um den besten Vortrag, ganz wie die Erwachsenen am Sonntag- und Montagabend. Acht bis zehn Auftritte von circa 15 bis 20 Minuten absolvieren die Gruppen während des Abends. Das erfordert eine gute Kondition und eine trainierte Leber. Als Lohn gibt es den Applaus eines aufmerksamen und dankbaren Publikums und nach jedem Auftritt ein oder mehrere Schorlen.

Während der Vorführungen herrscht im Zuhörerraum absolute Stille, auch wenn zuvor der Saal getobt hat. Wer diese Regel nicht kennt, den macht man diskret, aber deutlich darauf aufmerksam.

Adresse Gaststätten, Vereinsheime und Angerhalle in 78532 Tuttlingen-Möhringen, Veranstaltungsbeginn Fasnetsonntag und Rosenmontag circa 18 Uhr | **ÖPNV** Während der närrischen Tage gibt es einen Sonderfahrplan von mehreren Tuttlinger Haltestellen aus, der die Rückfahrt bis in die frühen Morgenstunden ermöglicht. Aushänge und Veröffentlichungen diesbezüglich beachten. | **Anfahrt** Besser vermeiden! Ansonsten viel Glück bei der Parkplatzsuche und der Polizeikontrolle. | **Tipp** In der Angerhalle ist in der Regel genügend Platz. Weitere Höhepunkte der Möhringer Fasnet sind am Schmotzigen Donnerstag das Schemengericht, am Sonntag der Umzug und am Dienstag das Hanselerennen.

97__Die Adlerbastei

Schicksalsort eines genialen Visionärs

Es war der 31. Mai 1811. Ulm wollte König Friedrich I. bei seinem Besuch etwas ganz Besonderes bieten: Den ersten Flug eines Menschen, durchgeführt von Schneidermeister und Erfinder Albrecht Ludwig Berblinger. Auf der Adlerbastei, 13 Meter über der Donau, hatte man aus diesem Anlass ein sieben Meter hohes Gerüst gebaut, damit Berblinger wunschgemäß aus 20 Metern Höhe losfliegen konnte. Doch wegen der früheren Abreise des Königs musste er seinen Start vorverlegen, was ihn sehr nervös machte. Nicht nur die königliche Prominenz, sondern ganz Ulm stand am Ufer, um an dem Spektakel teilzuhaben. Aber der Versuch missglückte. Berblinger stürzte nach kurzem Flug in die Donau, bereitstehende Fischer zogen ihn aus dem Wasser. Der arme Schneidermeister erntete Spott und Häme von allen Seiten.

Was war passiert? Berblinger hatte seinen Flugapparat in den Weinbergen um Ulm erfolgreich getestet. Dort herrschten aus heutiger Sicht dank thermischer Aufwinde gute Voraussetzungen fürs Fliegen, während an der Adlerbastei durch das kalte Wasser und die hohe Mauer Fallwinde entstanden. Diese Blamage veränderte Berblingers Leben grundlegend. Um dem Spott nicht ständig ausgeliefert zu sein, zog er sich vollkommen zurück. Es folgte ein wirtschaftlicher und menschlicher Niedergang. 1829 starb er vereinsamt und arm in einem Ulmer Spital.

Erst 100 Jahre später erinnerte der Schriftsteller Max Eyth mit einem Roman an den Erfinder. Im Jahre 1986 fand an der Adlerbastei unter großer Anteilnahme der Bevölkerung und der Medien zum Andenken Berblingers ein Gleitflugwettbewerb statt. Auch 175 Jahre nach dem ersten Versuch schaffte es wegen der dortigen Thermik nur einer von 30 Teilnehmern bis ans andere Ufer.

Heute erinnern nicht nur eine Tafel an der Bastei, sondern auch eine Schule, eine Straße und der höchstdotierte Preis im Bereich der allgemeinen Luftfahrt an den Schneider von Ulm.

Adresse Adlerbastei, 89073 Ulm. Die Startrampe mit der Gedenkplatte und dem dahinterliegenden Max-Eyth-Denkmal steht 50 Meter donauabwärts vom Seniorenheim an der Adlerbastei. | ÖPNV Vom Münsterplatz sind es 5 Gehminuten. | Tipp Im Rathaus ist ein Nachbau von Berblingers Fluggerät zu sehen.

98 Das Chorgestühl im Münster

Ein römischer Astrologe in katholischem Gestühl

Als der Kunstschreiner Jörg Syrlin 1469 seine Entwürfe für die Gestaltung des Chorgestühls im Münster einreichte, ist es dem entscheidenden Gremium sicher nicht entgangen, dass er etliche Berühmtheiten aus der Antike in sein kunstvolles Schnitzwerk einbeziehen wollte.

Darum entdeckt man heute noch Seneca, Cicero, Pythagoras und Vergil auf der Männerseite des Chorgestühls, Sibyllen (Seherinnen) wie Cumana, Lybica oder Persica auf der Frauenseite. Allen gemeinsam ist, dass sie nichts mit der katholischen Kirchengeschichte am Hut hatten. Auffallend auf der Männerseite ist auch ein Herr ohne Kopfbedeckung, der eine Art Globus in den Händen hält. Es handelt sich dabei um Ptolemäus, den römischen Astrologen, Mathematiker, Musiktheoretiker und Philosophen. Schon 100 Jahre nach Christus kam er dank seiner astrologischen Berechnungen zu der Erkenntnis, dass die Erde eine Kugel sein muss, um die sich die Planeten und die Sonne drehen. Dieses nach ihm benannte Ptolemäische Weltbild hatte 1500 Jahre Gültigkeit, bis Galilei feststellte, dass die Erde um die Sonne kreist. Dafür landete Galilei fast auf dem Scheiterhaufen.

In Ulm war man bei Weitem nicht so engstirnig wie in Rom, wenigstens in Bezug auf die Darstellungen der Figuren im Chor. Neben den römischen Geistesgrößen entdeckt man auf den Unterseiten der Sitzklappen seltsame Gestalten: Fabelwesen, Fratzenschneider und einen Mann, der gerade seine Notdurft verrichtet. Diese als Miserikordien bezeichneten Sitzhilfen benutzte man, wenn das lange Stehen während des Gottesdienstes zu mühsam wurde. Aber es wäre ja auch unanständig gewesen, sein Hinterteil auf eine heilige Barbara zu setzen. Frömmigkeit hin oder her, fest steht: Im Ulmer Münster befindet sich eines der schönsten und spektakulärsten Chorgestühle des Abendlandes.

Adresse Münsterplatz, 89073 Ulm | **ÖPNV** Vom Hauptbahnhof bis zum Münsterplatz sind es 5 Gehminuten. | **Öffnungszeiten** Die Kirche ist ganzjährig ab 9 Uhr geöffnet, geschlossen wird je nach Jahreszeit. Aushang beachten. Führungen Mo–Do 14–16 Uhr, Tel. 0731 / 9675010, fuehrungen@muensterbauamt-ulm.de oder Tourist Information Ulm / Neu-Ulm, Münsterplatz 50, 89073 Ulm, Tel. 0731 / 1612830. | **Tipp** Ausführliche Literatur zu Chorgestühl und Kirche findet man am Kiosk direkt hinter der Eingangstür.

99_Die Einstein-Denkmale

Ein Genie hinterlässt Spuren

Als »relativen Ulmer« bezeichnet treffend die Infobroschüre der Stadt ihren berühmtesten Sohn. Relativ erstens, weil er zwar im Jahre 1877 in Ulm geboren wurde, aber nur relativ kurz, nämlich 15 Monate, hier wohnte. Mit relativ ist hier auch die Relativitätstheorie gemeint, die von ihm erdacht wurde und für die er 1922 den Nobelpreis erhielt.

Erst 1920 wurden die Ulmer auf den großen Physiker und Mathematiker aufmerksam, der in ihrer Stadt das Licht der Welt erblickte. Es gab erste seine Leistungen würdigende Kontakte zu dem Genie. Die Verleihung des Nobelpreises war der Anlass, eine Straße nach ihm zu benennen. Als er davon erfuhr, meinte er in einem Schreiben an die Stadt Ulm, dass er froh sei, nicht für das verantwortlich zu sein, was in dieser Straße geschehe. Wie recht er hatte! Wenige Jahre später entzogen die Nationalsozialisten dem inzwischen in den USA wohnenden Juden die deutsche Staatsbürgerschaft und die Ulmer seiner Straße den Namen. Die Straße hieß nun Fichtestraße. Einstein hat sich über diese Namenswandlung eher amüsiert und meinte bei der Rückbenennung nach Ende des Zweiten Weltkriegs, dass der Name »Windfahnenstraße« besser passen würde.

Auch nach 1945 blieb sein Verhältnis zu Deutschland sehr distanziert. Zu viele seiner Glaubensbrüder waren in Deutschland ermordet worden. Diskret lehnte er deswegen die ihm angebotene Ehrenbürgerwürde der Stadt ab, antwortete aber stets freundlich auf die jährlichen Glückwunschschreiben zu seinem Geburtstag.

Ulm gedenkt heute seines großen Sohnes in Form von zwei Denkmalen. Das eine, von Max Bill entworfene, besteht aus 24 Granitquadern und steht am Platz seines Geburtshauses, das bei einem Luftangriff zerstört wurde. Das andere ist ein Werk des Künstlers Jürgen Görtz. Die Brunnenplastik, auf der Einstein den Ulmern die Zunge zeigt, besteht aus Bronze und steht vor dem Zeughaus.

Adresse Einstein-Monument auf dem Platz seines Geburtshauses am Beginn der Bahnhofstraße von Westen her; Einsteinbrunnen beim Zeughaus, Zeughausgasse, 89073 Ulm | **ÖPNV** vom Bahnhof Ulm zuerst in die Bahnhofstraße und dann am Münster vorbei zum Zeughaus | **Tipp** Weiter erinnern das EinsteinHaus, Kornhausplatz 5, die Einstein-Realschule, ein »Einstein«-Fenster im Münster, ein »Einstein«-Spatz im Kindergarten an der Adlerbastei und natürlich die Einsteinstraße an den großen Sohn der Stadt.

100_Das Gasthaus Zur Forelle

Nicht nur für Fischliebhaber

Wer im Fischerviertel essen gehen will, darf nicht allzu hungrig sein. Nicht weil dort die Portionen klein ausfallen, sondern weil es eine solche Vielfalt von Restaurants gibt, dass es schade wäre, die nächstbeste Wirtschaft zu betreten, ohne das Angebot der anderen wenigstens in Augenschein genommen zu haben. Dabei ist es sehr einfach, sich einen Überblick zu verschaffen, denn die Gasthäuser stehen hier dicht an dicht. Vor der Tür stehen auf Tafeln die aktuellen Angebote, was einem schon beim Lesen das Wasser im Munde zusammenlaufen lässt.

Die traditionsreichste Wirtschaft dürfte das Gasthaus Zur Forelle sein. Es kann seit 1626 eine durchgehende Bewirtschaftung nachweisen. Schon die äußere Ansicht ist beeindruckend. Die kleinen Fenster mit den stilvoll angemalten Fensterläden, das historische Wirtshausschild und dazu eine Blumenpracht, die der ganzen Fassade eine große Heiterkeit verleiht. Beim Betreten merkt man sofort, dass hier ein Architekt mit großem Feingefühl für das Erhaltenswerte gewirkt hat. Großgewachsene ziehen bereitwillig ihre Köpfe ein, wissen sie doch, dass früher die Stockhöhe viel niedriger war als heute. Das alte Mobiliar und die Deko passen sehr gut zusammen, hier wirkt eine stilsichere Hand. Im kleinen Vorgarten kann man während des Essens eine der schönsten Ansichten des Fischerviertels genießen.

Der Blick auf die Speisekarte lässt für Fischliebhaber und andere Gutes erahnen. Die Preise sind sehr human. Das vom Autoren bestellte Fischragout von der Tageskarte bot Filetstücke, Lachsstücke und Muscheln, serviert mit Gemüse, Salzkartoffeln und einer traumhaften Soße.

Der Spruch »Konkurrenz belebt das Geschäft« trifft im Fischerviertel ins Schwarze. Dort auszugehen wird immer zum Erlebnis.

Adresse Zur Forelle, Fischergasse 25, 89073 Ulm, Tel. 0731 / 63924, E-Mail: info@zurforelle.com | **Öffnungszeiten** täglich 11–15 Uhr und 17–24 Uhr | **Tipp** Nicht nur zum Essen ins Fischerviertel gehen. Hier entdeckt der Gast historische Sehenswürdigkeiten an jeder Ecke.

101 Die Geschwister Scholl

Vorbild für die Jugend

Als am 22. Februar 1943 Roland Freisler, der Präsident des Volksgerichtshofes, die Geschwister Hans und Sophie Scholl wegen sogenannter Volksverhetzung zum Tode verurteilte und sie wenige Stunden später am Schafott hingerichtet wurden, ahnte niemand, dass der Mut dieser beiden jungen Menschen in den nachfolgenden Jahrzehnten eine solche Beachtung erfahren würde. Sie waren nicht die Einzigen, die ihr Leben im Kampf gegen den Nationalsozialismus verloren, aber sie hatten durch ihre Aufrichtigkeit und Konsequenz unter den Widerstandskämpfern eine besondere Vorbildfunktion.

Die Familie Scholl zog 1932 nach Ulm, und die Scholl-Kinder waren zunächst von der Idee des Nationalsozialismus sehr angetan. Sie engagierten sich an vorderster Front in der Hitlerjugend, als Fahnenträger beim Reichsparteitag in Ulm repräsentierte Hans Scholl 4.000 Ulmer Jugendliche. Doch bald durchschauten die Geschwister die Machenschaften des NS-Regimes, und sie schlossen sich dem Widerstand an. Unter dem Namen »Weiße Rose« verbreiteten sie ab 1942 als Studenten in München Flugblätter, in denen sie die Massenmorde Hitlers anprangerten und zum Widerstand aufforderten. Beim Verteilen des sechsten Flugblatts wurde Sophie beobachtet, denunziert und verhaftet. Schon vier Tage später fanden sie und ihr Bruder den Tod.

Nach dem Tod von Hans und Sophie sahen sich die Eltern nach einer üblen Hetzkampagne gezwungen, in den Schwarzwald umzuziehen. Nach dem Krieg kehrte die Familie nach Ulm zurück, und Vater Scholl wurde sogar für einige Jahre Oberbürgermeister der Stadt.

Die Stadt Ulm gedenkt in vielfältiger Weise ihrer berühmten Widerstandskämpfer. Auf dem Münsterplatz stehen zwei Stelen, im EinsteinHaus ist eine »DenkStätte Weiße Rose« eingerichtet, und im Stadthaus stehen Bronzebüsten der beiden. Ferner sind ein Gymnasium, die Jugendherberge und ein Ärztehaus mit dem Namen der Scholls versehen worden.

Adresse Münsterplatz, 89073 Ulm | Tipp Sehr informativ und beeindruckend ist die Dauerausstellung »wir wollten das andere« im EinsteinHaus, Kornhausplatz 5, Öffnungszeiten (außer Sommer- und Weihnachtsferien): Mo–Fr 8–22 Uhr, Sa 8–15 Uhr, Tel. (DenkStätte) 0731 / 153022 (Dr. Andreas Lörcher).

102 Das Glockenspiel

Städtefreundschaft mit Glockenklang

Was macht ein Haushaltwarengeschäft, wenn es 100 Jahre alt wird? Es rührt die Werbertrommel, so laut es geht, Sonderangebote, Luftballons und Großannoncen in der regionalen Presse.

Das Kaufhaus Abt auf dem Ulmer Münsterplatz ging einen anderen Weg. Es ließ 1979 zum 100-jährigen Geschäftsjubiläum an der Fassade seines Gebäudes ein Glockenspiel anbringen. Und um eine inhaltliche Verbindung zum Warenangebot des Stifters herzustellen, wurden die Glocken aus echtem Meißner Porzellan gefertigt.

Bei der Gestaltung der Uhr hat man sich auf lokale Motive beschränkt. Auf dem Zifferblatt kann man das Fischerstechen erkennen, und auf dem Pendel sitzt das Wappentier der Stadt, der Spatz. Mehrmals täglich erfreut das Spiel der 15 Glocken die Besucher des Münsterplatzes. Das Jahr über ertönen alte Volksweisen, im Advent wird natürlich auf weihnachtliches Liedgut umgestellt. Mit dem Glockenspiel zum Jubiläum hat das Traditionshaus Abt für eine neue Sehenswürdigkeit gesorgt, eine Werbemaßnahme mit Langzeitwirkung!

Interessanterweise gibt es in der Stadt New Ulm in Minnesota, zu der die beiden Städte Ulm und Neu-Ulm eine herzliche Beziehung pflegen, ebenfalls ein Glockenspiel. Es befindet sich in einem 14 Meter hohen, extra dafür gebauten Turm und besitzt einige Glocken mehr. Wenn um 15 und 17 Uhr die Glocken ihre amerikanischen und deutschen Weisen zu intonieren beginnen, öffnet sich zusätzlich eine Jalousie, und eine Drehscheibe mit beweglichen Figuren fährt heraus. Nach und nach erkennt man einen Indianer, einen Bierbrauer, eine Farmerfamilie und ein tanzendes Paar in Lederhose und Dirndl, was mehr oder weniger korrekt an die Geschichte der Stadt mit ihren sehr deutschen Wurzeln erinnern soll. Die Ulmer und Neu-Ulmer zeigten ihre Freundschaft zu New Ulm, indem sie zum Beispiel den Rad- und Fußweg nach dem langjährigen New Ulmer Bürgermeister Dr. Ted Fritsche benannten.

Adresse Münsterplatz 7, 89073 Ulm | Tipp Um den Münsterplatz und in den angrenzenden Querstraßen ist die Einkaufsmeile Ulms mit großen Kaufhäusern. Aber man sollte auch kleinere Geschäfte wie das Kaufhaus Abt, dem das Glockenspiel gehört, mal betreten.

103 Das Kussgässle

Enge erwünscht

Auf dem Stadtplan von Ulm die Kussgasse entdecken zu wollen ist vergebliche Liebesmüh, auch ein Straßenschild zu suchen ist sinnlos. Offiziell existiert sie nicht, doch jedem alteingesessenen Ulmer Bürger ist sie lieb und teuer, die Kussgasse, genauer gesagt das Kussgässle. Die dafür gebrauchte schwäbische Verkleinerungsform hat hier ihre Berechtigung, beträgt die Länge der Passage doch nur neun Meter und ihre Breite am südlichen Ausgang vielleicht 80 Zentimeter. Lediglich die Höhe der zur Gasse gehörenden Gebäude ist beeindruckend. Es sind gut 15 Meter, und dann noch in einer besorgniserregenden Schräglage. Die Ulmer Jugend soll schon seit Generationen beim Spaziergang mit der Angebeteten die Enge der Gasse dazu benützt haben, der Dame des Herzens etwas näher zu kommen.

Wenn heute bei der Stadtführung der Weg durch das Kussgässle führt, soll das keine Aufforderung zum Busseln sein. Der Besucher wird lediglich gebeten, seinen Blick nach oben zu richten. Dann wird ihm klar, woher die Gasse ihren Spitznamen hat. Die Giebel der beiden gegenüberliegenden Häuser, der Alten Münz und des Schiffsmeisterhauses, neigen sich oben so nahe zueinander, dass man meint, die beiden würden sich gleich küssen. Dem Gefühl nach passt keine Handbreite zwischen die beiden.

Zu finden ist das Kussgässle relativ leicht. Der nördliche Zugang liegt genau gegenüber dem wasserzugewandten Südgiebel des »Schiefen Hauses« in der Schwörhausgasse.

Überhaupt kann man im Fischerviertel noch andere spannende Passagen entdecken. Da gibt es zum Beispiel die Vaterunsergasse, den ehemaligen Zugang von der Altstadt zur Donau. Es soll nur die Länge eines Vaterunsers gedauert haben, bis man vom Fischerviertel an der Donau war. Wer dieses Maß heutzutage nachprüfen will, merkt, dass er sehr schnell beten muss, denn die Gasse ist ebenfalls sehr kurz, und die Donau liegt ziemlich nahe.

Adresse Fischerviertel, 89073 Ulm | **Tipp** Das Hotel »Schiefes Haus« wird im Guinnessbuch der Rekorde als das schiefste Hotel der Welt geführt. Die Betten haben eingebaute Wasserwagen, sodass man beim Schlafen in keine Schieflage gerät.

104 Der Petrusbrunnen

Der Himmelspförtner mit den zwei Schlüsseln

Es gibt weltweit unzählige Statuen und Abbildungen vom heiligen Petrus, der in der katholischen Kirche als Nachfolger Christi auf Erden gilt. Er ist fast immer mit einem Schlüssel in der Hand abgebildet, also eindeutig identifizierbar. Zurückzuführen ist dieses Attribut des Heiligen auf eine Stelle des Matthäus-Evangeliums, in dem steht: »Ich werde dir die Schlüssel des Himmelreichs geben.« Doch die meisten Künstler haben diese Stelle nicht genau gelesen. Matthäus redet nicht von einem Schlüssel, sondern von mehreren. Zwei Schlüssel, einen goldenen und einen eisernen, kann man zum Beispiel bei einem Gemälde von Rubens in der Berliner Gemäldegalerie entdecken. In der Asamkirche in München streckt Petrus einen Schlüssel Richtung Himmel und einen nach unten in die Richtung einer lodernden Flamme. Petrus steht also zwischen Himmel und Erde. Auch alle Päpste tragen zwei verschiedenfarbige Schlüssel in ihrem Wappen.

Das spricht doch sehr für die Bibelkenntnis des Ulmer Künstlers Jörg Syrlin dem Älteren, der schon um das Jahr 1450, also lange vor Rubens und den Asambrüdern, seinem Petrus zwei Schlüssel in die Hand gab. Zwar sind beide Schlüssel Syrlins vergoldet, sie haben jedoch unterschiedliche Bärte.

Die beiden Jörg Syrlins, Vater und Sohn, waren auch sonst Querdenker. Im von ihnen geschaffenen Ulmer Chorgestühl finden wir statt der üblichen Heiligen antike Geistesgrößen, also Heiden aus katholischer Sicht. Auf der Unterseite einer Sitzklappe entdecken wir einen Mann, der gerade seine Notdurft verrichtet, eine ungewöhnliche Thematik für eine Kirche.

Ganz anders deutet ein Stadtführer die zwei Schlüssel in der Hand des Petrus. Dort steht, dass Lausbuben dem Heiligen das wichtige Utensil aus der Hand geschossen haben sollen und der Schlosser deswegen nach der Reparatur gleich einen Zweitschlüssel mitgeliefert habe. »Ist doch schlüss(el)ig, oder?«, meint der Stadtführer.

Adresse Haus der Begegnung, Dreifaltigkeitskirche, Grüner Hof 7, 89073 Ulm | Tipp
Eine weitere, in das Jahr 1482 datierte Plastik von Jörg Syrlin dem Älteren steht auf dem Fischkastenbrunnen direkt vor dem Rathaus.

105 Rudolf Dentler

Der Thron blieb nicht leer

»Rex der Letzte« nannte er sich. Er war der selbst ernannte König der vermutlich kleinsten Monarchie der Welt, des Fischerviertels von Ulm, und niemand auf der Welt machte ihm diesen Titel streitig. Jedes Jahr am Schwörmontag, dem heiligsten Tag der Ulmer, stieg er auf seinen schwarzen Thron, der auf Höhe des zweiten Stocks an der Hauswand seines Schmuckladens hängt. Ausgestattet mit Krone und Mantel hielt er seine Thronrede vor riesigem Publikum. Sie war gespickt mit großartigen Weisheiten, die er teilweise nur selbst verstand, und mit einer Wortwahl, die eines großen Poeten würdig war.

Zwanzig Jahre lang stieg er die steile Leiter zu seinem noblen Stuhl empor. Nach vollzogener Rede überreichte er einem nach seiner Überzeugung würdigen Bürger den von ihm geschaffenen Ehrenring mit Kreuz, bevor er wieder abstieg, um den Rest des Jahres in seinem Laden sein täglich Brot zu verdienen. Rudolf Dentler war nicht nur wegen seiner Schwörmontagsrede ein Original. Seine ungewöhnlichen Schmuckerzeugnisse waren weltweit bekannt. Im Ulmer Stadttheater tanzte er bei Ballettaufführungen elegant und gelenkig über die Bühne.

Im Jahre 2006 verstarb der König vom Fischerviertel, kurz nachdem er seine letzte Schwörmontagsrede gehalten hatte. Mit dem König drohte ein wichtiger Teil des Schwörmontagsrituals zu Grabe getragen zu werden. Doch im nächsten Jahr war der Thron wieder besetzt. Prinzessin Ira, die schöne Tochter des Königs, bestieg die Leiter und hält seitdem jährlich die alternative Schwörmontagsrede ganz im Sinne ihres Vaters. Ihr Gewand ist verführerischer, ihre Texte sind leichter zu verstehen, ihre Originalität steht ihrem Vater aber in nichts nach. Es wäre dabei zu wünschen, dass während ihrer Rede die Musik aus den umliegenden Wirtschaften nicht mehr die Stimme der Prinzessin übertönt, damit sie auch in Zukunft die Tradition des Königs von Ulm fortsetzen kann.

Adresse Gerbergasse 3, 89073 Ulm | **Öffnungszeiten** Der Schwörmontag findet immer am vorletzten Montag im Juli statt. Die Thronrede von Ira Dentler beginnt um 21 Uhr. | **Tipp** Dentlers Frau und Tochter haben mittlerweile neben ihrem Laden ein kleines Museum für den König vom Fischerviertel eingerichtet. Dort sind unter anderem auch seine Krone und sein Königsmantel zu sehen.

106 Die Soldatenhäuschen

Keine Spur von Militär

Die freie Reichsstadt Ulm gehörte um 1600 zu den wohlhabendsten und stolzesten Städten im Reichsgebiet. Um ihren Reichtum vor dem Zugriff der vielen Neider zu schützen, befestigten die Ulmer ihre Stadt nach den neuesten Erkenntnissen der damaligen Zeit. Für die Bewachung leistete man sich sogar ein kleines Heer. Zur Unterbringung errichtete man nicht wie andernorts eine Kaserne, sondern baute 175 kleine Reihenhäuser auf die Stadtmauer, wo die Soldaten mit ihren Familien wohnen konnten.

Heute stehen noch 35 dieser winzigen Häuschen und bilden das wohl idyllischste Wohnviertel in der Stadt. Wer am Frauen- oder am Seelengraben eine der in die Stadtmauer eingelassenen Treppen emporgestiegen ist, befindet sich plötzlich in einer anderen Welt. Eineinhalbgeschossige Wohneinheiten stehen dicht an dicht auf der Stadtmauer, so einheitlich, dass man nur aufgrund der Farbe von Fensterläden und Türen die Besitzverhältnisse bestimmen kann.

Die sorgfältig abgestimmte Farbgestaltung der Hausfassaden ist mitverantwortlich für den besonderen Charme dieses kleinen Dörfchens mitten in der Stadt. Zu jedem Häuschen gehört auf der anderen Seite der schmalen Dorfstraße auch ein winziges Gartengrundstück. Jede einzelne Parzelle ist hier anders genutzt. Der eine baut sein eigenes Gemüse an oder betreibt Rosenzucht, der andere stellt auf das Plätzchen ein Gartenhäuschen, das zu fröhlichen Skatrunden und bierseligen Abenden einlädt. Neben vielen Hauseingängen stehen Tischchen für die Tee- oder Kaffeepause oder Liegestühle für das Mittagsschläfchen.

Dabei scheinen sich die Bewohner an die neugierigen Touristen weitgehend gewöhnt zu haben, lassen sie sich doch bei ihren außerhäuslichen Pausen in keiner Weise stören oder sind sogar manchmal zu einem Schwätzchen mit ihnen aufgelegt.

Kein Wunder, dass diese kleine Siedlung zu den begehrtesten Wohnlagen Ulms gehört.

Adresse Frauengraben und Seelengraben, 89073 Ulm | **Tipp** Die Häuser am Frauengraben bilden ein einheitlicheres Bild, da alle restauriert sind. Am Ende des Seelengrabens steht der Seelturm, eine weitere Sehenswürdigkeit Ulms.

107 Der Ulmer Spatz

Das Original

Zuerst einmal die Sage vom Ulmer Spatz für diejenigen, die sie immer noch nicht kennen: Beim Bau des großen Münsters sollen die Ulmer versucht haben, einen besonders großen Balken auf einem Karren durch das Stadttor zu bugsieren. Nach mehreren erfolglosen Versuchen waren sie kurz davor, das Tor einzureißen. Plötzlich sahen sie einen Spatzen, der einen Zweig der Länge nach im Schnabel trug, um diesen durch das Tor zu bringen. Jetzt ging den Ulmern ein Licht auf, und sie legten ihren Balken ebenfalls der Länge nach auf den Wagen und brachten ihn, ohne dem Stadttor zu schaden, an die Baustelle.

Diese Sage, in der den Ulmern kein gutes Zeugnis in Sachen Intelligenz ausgestellt wird, taucht erst in der Mitte des 19. Jahrhunderts in Ulm auf. Sie könnte von einem Kunsthändler namens Nübling aus Schleswig-Holstein importiert worden sein. Dort kursierte in der Stadt Jagel schon lange zuvor dieselbe Geschichte.

Die Ulmer zeigten sich ob dieser Story recht gelassen und humorvoll und ersetzten 1858 den bis dahin auf dem Dachfirst sitzenden, ornithologisch schwer einzuordnenden Urvogel durch einen Sandsteinspatzen mit einem Zweig im Schnabel. Dieser drohte schon nach 30 Jahren den Witterungseinflüssen zum Opfer zu fallen und wurde zugunsten eines weiteren, aus Kupfer getriebenen Spatzen ausgewechselt. Dieses Exemplar ziert noch heute das Münsterdach. In dessen hohlem Inneren liegen seit der letzten Restaurierung nicht nur eine Urkunde, sondern auch ein Geldstück, ein Kugelschreiber und ein Souvenirmünster aus Plastik. Der Spatz aus Sandstein befindet sich heute im Innern des Münsters in einer Vitrine.

Die Ulmer Bürger haben auch schnell die einfache, aber tiefe Weisheit erfasst, die sich hinter der ganzen Sage verbirgt: »… ond gaht des net da grada Weag, na dreah mr's Hälmle rom.« Für Nichtschwaben: »Und geht das nicht den graden Weg, drehen wir den Halm eben um.«

Adresse Münsterplatz, 89073 Ulm | ÖPNV Vom Hauptbahnhof bis zum Münsterplatz sind es 5 Gehminuten. | Tipp Die Konditorei Tröglen am Münsterplatz 5 verkauft schon seit 150 Jahren den Ulmer Spatz aus Schokolade. Als Ulmer Spatzen bezeichnen sich ein bekannter Kinderchor und die Spieler des Fußballvereins SSV Ulm. Ulmer Spatz heißt weiterhin eine Bäckereimarke und ein renommiertes Gasthaus. Übrigens: Der Spatz auf dem Dach trägt einen Zweig, der Spatz im Münster einen Halm im Schnabel. Für echte Ulmer ein schwerwiegendes Diskussionsthema!

108 Die Ulmer Spatzeninvasion

Ein Spatz für alle Fälle

Invasion bringt man im Allgemeinen mit einem Einfall fremder Truppen in ein anderes Land in Zusammenhang. Es gibt auch eine biologische Invasion, darunter versteht man den Einfall einer Tierart in ein neues Gebiet, was oft immensen Schaden anrichtet. Bei der Ulmer Spatzeninvasion gab es keinerlei Schaden, sondern nur Nutznießer. Schon die Anzahl der einfallenden Tiere hielt sich mit 255 Stück sehr in Grenzen, außerdem waren sie nicht fortpflanzungsfähig, da sie aus Kunststoff bestanden.

Die Idee stammte vom rührigen Ulmer Kulturmanager Ralf Milde, der eine große Anzahl von »Spatzenrohlingen« anfertigen ließ. Mehr als 100 Künstler bemalten die 1,80 Meter langen Kunststoffkörper mit einer Spannweite von 120 Zentimetern und stellten sie im Sommer 2001 auf den Plätzen, Fußgängerzonen und Straßen von Ulm und Neu-Ulm aus. Es war atemberaubend, welch ein Einfallsreichtum bei der Gestaltung der Vögel zum Tragen kam. Da gab es nicht nur einen »Bergsteigerspatz« mit Tirolerhut und Pickel im Schnabel, einen »Bekleidungshausspatz« mit Fliege und Zylinder und einen »Einsteinspatz« mit mathematischen Formeln, sondern auch mit vielen Applikationen versehene Kunstwerke wie den »Flower-Power«-Spatz, den »Money«-Spatz und den »Begreifvogel«-Spatz.

Am Ende der Ausstellung wurden die Kunstspatzen versteigert. Da die Rohlinge von Ulmer Bürgern gesponsert waren und die Künstler kostenlos arbeiteten, kam ein größerer sechsstelliger Betrag zusammen, der für die Restaurierung des maroden Münsterturms dringend benötigt wurde.

Etliche Spatzen-Kunstwerke befinden sich mittlerweile in Privatbesitz, doch einige kann man auch heute noch bei einem Rundgang durch die Stadt entdecken, wie zum Beispiel den Hotelspatz und den Bekleidungshausspatz direkt am Münsterplatz.

Adresse An der Ecke Münsterplatz / Braugasse findet man den Bekleidungsspatz und den Hotelierspatz. Ansonsten auf Entdeckungsreise gehen. | **Tipp** Wer noch mehr Lust auf Kunst hat, sollte die Kunsthalle Weishaupt besuchen. Öffnungszeiten: Di–So 11–17 Uhr, außer Do 11–20 Uhr.

109__»Ulm Feeling«

Ulm aus der »Sicht« eines Blinden

»Der Metzgerturm müsste noch schiefer sein, und am Schwörhaus fehlt der Balkon, aber ansonsten ist es ganz wunderbar«, lobt Hartmut Dorow das Tastmodell der Stadt Ulm, mit dem er seine Stadtführung für Blinde und Sehende auf dem Münsterplatz beginnt. Seit seinem elften Lebensjahr ist der mittlerweile 65-Jährige blind, seit dem Jahre 1977 gibt er Führungen für Blinde durch die Stadt. Mittlerweile mischen sich immer mehr Menschen mit gesundem Augenlicht unter die Teilnehmer, denn Dorows Führungen sind etwas ganz Besonderes. »Riechen Sie die frisch gebackenen Brezeln aus dieser Bäckerei, und können Sie erraten, was es heute als Tagesessen in der Wirtschaft daneben gibt?«, fragt er die Teilnehmer. Dank der Wärme der Sonnenstrahlen, die durch die Häuserlücke dringen, kann er die Fußgängerzone genau orten. Unterwegs weist er auf eine drei Zentimeter hohe Metallkante hin, die es Blinden ermöglicht, den Rand des Bürgersteigs zu ertasten.

Seine Führung endet im Duft- und Tastgarten. Damit die Besucher die Pflanzen besser riechen und fühlen können, sind sie in Hochbeete gepflanzt. Aluminiumschilder in Blindenschrift erklären, was in dem Garten alles entdeckt werden kann, ein blindengerechter Plan vermittelt einen ertastbaren Überblick über die Anlage. Besonderes Schmuckstück dieses Gartens ist ein Brunnen, dessen Form das Wasser in Schwingungen versetzt, die man mit den Handflächen erspüren kann.

Hartmut Dorow ist ein Segen für die Stadt. Seit Jahrzehnten bemüht er sich, Sehbehinderten das Leben in der Stadt leichter zu machen. Mittlerweile ist Ulm die Stadt mit der größten Blindenampeldichte, und ein von ihm in Blindenschrift übersetztes Buch lässt auch Blinde alles Wissenswerte über Ulm erfahren.

Und den Sehenden beweist er, dass ihre Stadt nicht nur aus Sehens-, sondern auch aus Hörens-, Riechens- und Tastenswürdigkeiten besteht.

Öffnungszeiten Die Stadtführung »Ulm Feeling« mit Hartmut Dorow findet von Mai bis Sept. jeden letzten Do im Monat statt. Anmeldung: Tourist-Information, Tel. 0731/161-2830 oder -2832, E-Mail: info@tourismus.ulm.de, Preis: 2 Euro. Der Duft- und Tastgarten befindet sich im Kobelgraben zwischen Eisenbahn, Donau und Fischerviertel. | **Tipp** Ein Museum zum Anfassen für Blinde und Sehende ist im naturkundlichen Bildungszentrum, Kornhausgasse 3, untergebracht, Öffnungszeiten: Di–Fr 10–16 Uhr, Sa, So und Feiertage 11–17 Uhr.

110 Der Bussen

Der heilige Berg der Oberschwaben

So wie ein gläubiger Muslim mindestens einmal im Leben nach Mekka gepilgert sein muss, ist es die Pflicht eines katholischen Oberschwaben, einmal im Leben beim Blutritt in Weingarten und einmal auf dem Bussen gewesen zu sein. Von Weitem ist der kegelförmige Berg schon zu erkennen, besonders wenn man sich ihm von der Donauseite her nähert. Wer dann die letzten Höhenmeter beim Aufstieg vom Parkplatz bis zur Kirche und zum Aussichtsturm in 767 Meter Höhe geschafft hat, wird bei gutem Wetter mit einem traumhaften Rundumblick belohnt. Gegen Süden hat man das ganze Alpenpanorama vor sich, gegen Westen die Höhen des Schwarzwalds, gegen Norden die Erhebungen der Schwäbischen Alb und gegen Osten das immer breiter werdende Donautal mit dem Ulmer Münster als markantem Orientierungspunkt.

Der Bussen war für die Kelten und Germanen eine Kultstätte, in der Fruchtbarkeitsopfer dargebracht wurden. Die erste Kirche dort oben wurde schon im Jahre 805 nach Christus erbaut. Mehrere hundert Jahre stand auf dem Gipfel auch eine Burg, deren Überreste heute als Aussichtsturm dienen.

Für die Oberschwaben ist der Berg aber vor allem als Wallfahrtsort von Bedeutung. Jährlich pilgern Tausende Gläubige auf ihren »Heiligen Berg«, um sich mit ihren Anliegen an das Gnadenbild der »Schmerzhaften Mutter« zu wenden. Diese Skulptur aus dem 16. Jahrhundert stellt Maria mit ihrem toten Sohn auf dem Schoß dar. Neben der Kirche wohnen drei Franziskanerinnen in einer bescheidenen Kommunität und kümmern sich um die seelischen und religiösen Anliegen der Hilfesuchenden.

Unter den Pilgern befinden sich auffallend viele junge Ehepaare. Sie wenden sich mit einem ganz speziellen Anliegen an die heilige Maria, nämlich mit einem Kinderwunsch. Nach Hause kehren sie oft mit einem »Bussenkindle«, einem kleinen Wickelkind aus Marzipan, zurück, das man im Kiosk am Parkplatz erwerben kann.

Adresse Zum Bussen 47, 88524 Uttenweiler-Offingen | Anfahrt B 311 Abzweigung Riedlingen Richtung Biberach, in Hailtingen oder Uttenweiler nach Offingen abbiegen, großer Parkplatz unterhalb der Wallfahrtskirche, etwa 15 Minuten steiler Fußweg zur Kirche. An Sonntagen im Mai gibt es zum Besuch der Maiandacht auch einen Shuttle-Service vom Parkplatz zur Kirche. | Tipp Es gibt in Offingen mehrere Gasthäuser, die sich auf Busgesellschaften eingestellt haben. Der Kiosk am Parkplatz ist leider vorübergehend nicht bewirtschaftet.

111 Das Psychiatriemuseum

Wahnsinnig menschlich

»Wenn du spinnst, kommst du nach Zwiefalten!« Diesen Satz haben schon kleine Jungen aus der Region im Repertoire. Mit Zwiefalten meinen sie die dortige Klinik für Psychiatrie und Psychotherapie, die in den Gebäuden des ehemaligen Benediktinerklosters untergebracht ist. Um der Bevölkerung die Möglichkeit zu geben, sich einen Überblick über das Wesen und die Geschichte der Psychiatrie zu verschaffen und dabei auch Vorurteile abzubauen, hat man ein kleines, aber feines Museum eingerichtet. Dank einer kontinuierlichen und sorgfältigen Dokumentation aller Vorgänge in der 1812 gegründeten Königlich-württembergischen Heil- und Pflegeanstalt konnte eine Forschungsgruppe die 200-jährige Geschichte der Einrichtung aufarbeiten und die spannendsten Dokumente der Öffentlichkeit zugänglich machen. Das Museum ist im ehemaligen Leichenhaus mit angeschlossener Pathologie untergebracht. Seziert wird hier nicht mehr, doch die Einrichtung und die Instrumente sind ein wichtiger Bestandteil der Ausstellung. Aus dem 19. Jahrhundert stammt ein ganzer Schrank voll sogenannter Zwangsmittel, unter anderem Fußfesseln und Zwangsjacken, mit denen man die Patienten ruhigzustellen versuchte.

Das dunkelste Kapitel der Klinikgeschichte wird ausführlich beleuchtet. Im Jahre 1940 wurden im Rahmen des Euthanasieprogramms des Dritten Reiches mehr als 1.000 Patienten in grauen Bussen ins nahe gelegene Grafeneck verfrachtet und dort in der Gaskammer ermordet.

Regelmäßige Sonderausstellungen widmen sich der Biographie außergewöhnlicher Patienten, die sich als Künstler oder Erfinder einen Namen gemacht haben, wie zum Beispiel der Flugradbauer Gustav Mesmer, der als Ikarus vom Lautertal in die Geschichte einging. An die Opfer der Euthanasie erinnerte in den Jahren 2013/2014 auch eine Wanderausstellung vor dem Eingang der Klinik in Form eines zerteilten grauen Busses.

Adresse Hauptstraße 9, 88529 Zwiefalten, Tel. 07373/103223 | **ÖPNV** von Riedlingen ZOB/Bahnhof mit RAB 345 oder 7607 nach Zwiefalten, Haltestelle Rentalhalle | **Anfahrt** über die B 312 Riedlingen Richtung Reutlingen | **Öffnungszeiten** Mi, Do, Fr, So 13.30–16.30 Uhr | **Tipp** Die Besichtigung der Klosterkirche ist Pflicht. Ein weiteres Museum ist das Peterstormuseum mit sakralen Gegenständen aus dem Barock. Einkehrmöglichkeit: Brauereigaststätte der Klosterbrauerei in der Hauptstraße 24, Tel. 07373/91212.

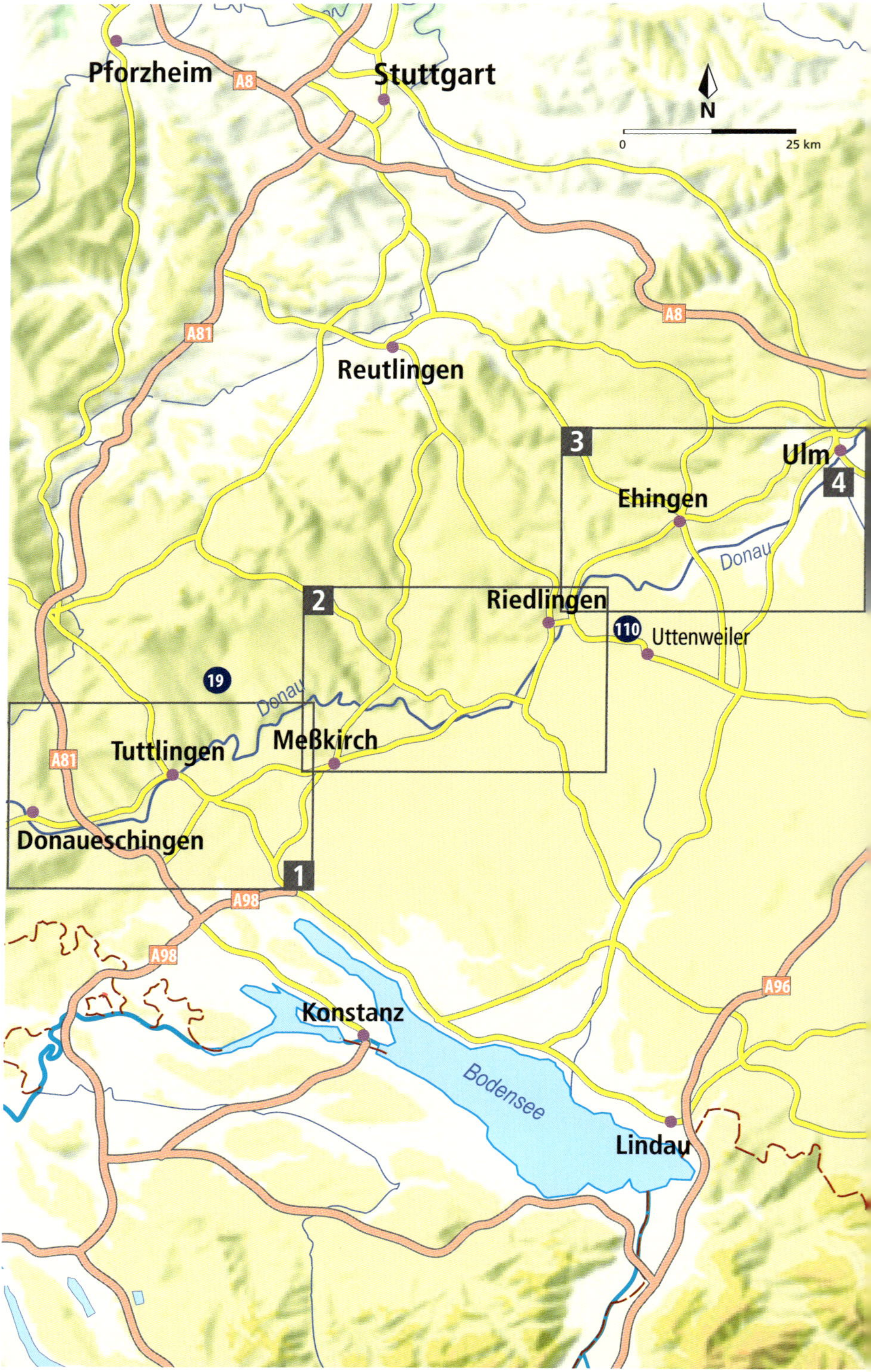

Pforzheim
A8
Stuttgart
N
0
25 km
A8
A81
Reutlingen
3
Ulm
4
Ehingen
Donau
2
Riedlingen
110
Uttenweiler
19
Donau
Meßkirch
A81
Tuttlingen
Donaueschingen
1
A98
A98
A96
Konstanz
Bodensee
Lindau

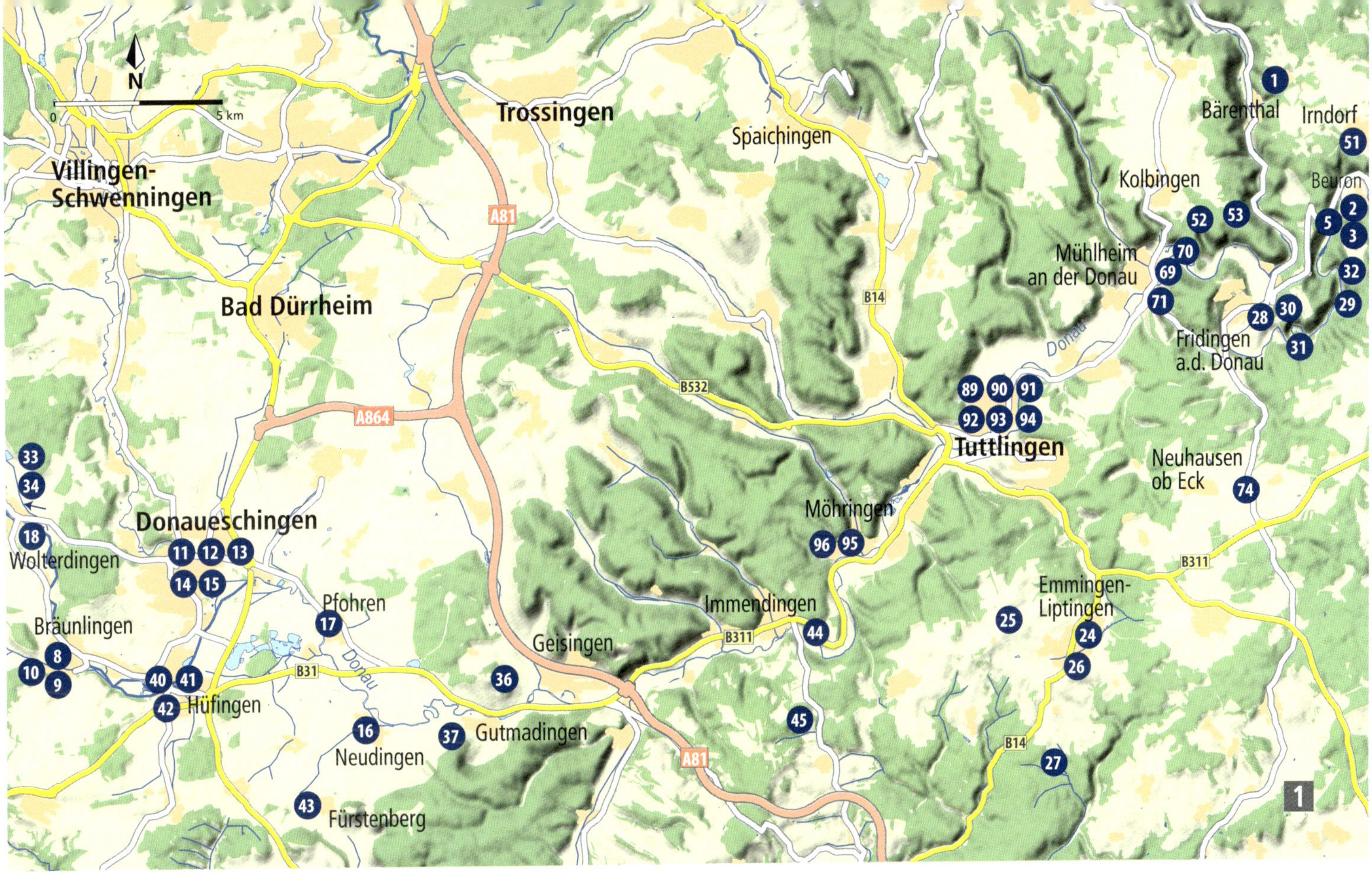
N
0
5 km
Trossingen
Spaichingen
Bärenthal
Irndorf
Beuron
Kolbingen
Villingen-
Schwenningen
Mühlheim
an der Donau
Bad Dürrheim
Fridingen
a.d. Donau
Donau
Tuttlingen
Neuhausen
ob Eck
Donaueschingen
Möhringen
Wolterdingen
Emmingen-
Liptingen
Pfohren
Immendingen
Bräunlingen
Geisingen
Hüfingen
Gutmadingen
Neudingen
Fürstenberg
A81
A864
B14
B532
B311
B31
1

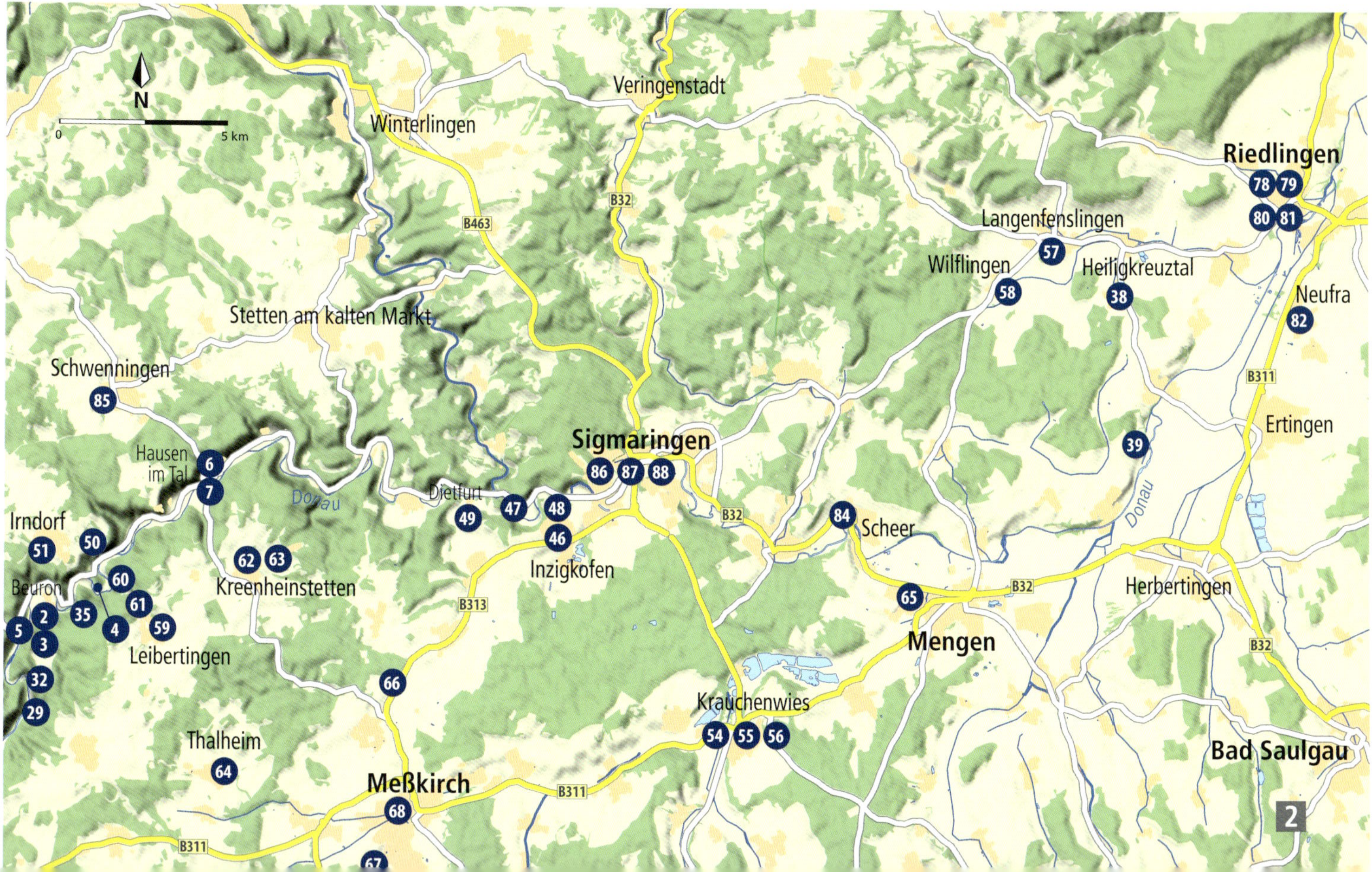
N
0
5 km
Veringenstadt
Winterlingen
B32
B463
Riedlingen
78
79
80
81
Langenfenslingen
57
Wilflingen
58
Heiligkreuztal
38
Neufra
82
Stetten am kalten Markt
Schwenningen
85
B311
Ertingen
Sigmaringen
86
87
88
39
Hausen im Tal
6
7
Donau
Dietfurt
49
47
48
46
B32
84
Scheer
Irndorf
51
50
62
63
Inzigkofen
Beuron
60
61
35
2
5
3
4
59
Kreenheinstetten
B313
65
B32
Herbertingen
Mengen
Leibertingen
32
29
66
B32
Krauchenwies
54
55
56
Thalheim
64
Bad Saulgau
Meßkirch
68
B311
B311
67
2

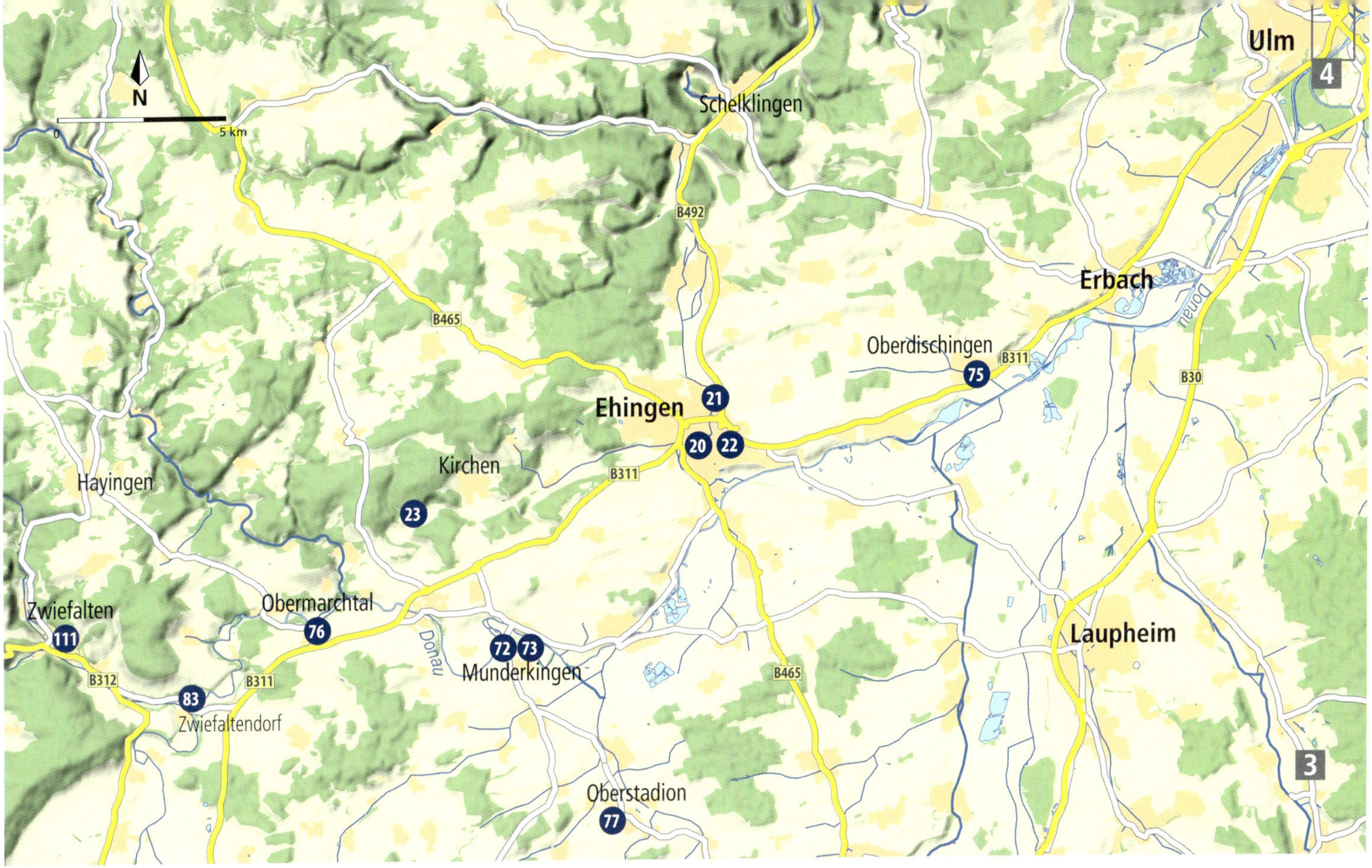
Ulm
4
N
0
5 km
Schelklingen
B492
Erbach
Donau
B465
Oberdischingen
B311
75
B30
21
Ehingen
20
22
Kirchen
B311
Hayingen
23
Zwiefalten
Obermarchtal
111
76
Donau
72
73
Munderkingen
B465
Laupheim
B312
83
B311
Zwiefaltendorf
3
Oberstadion
77

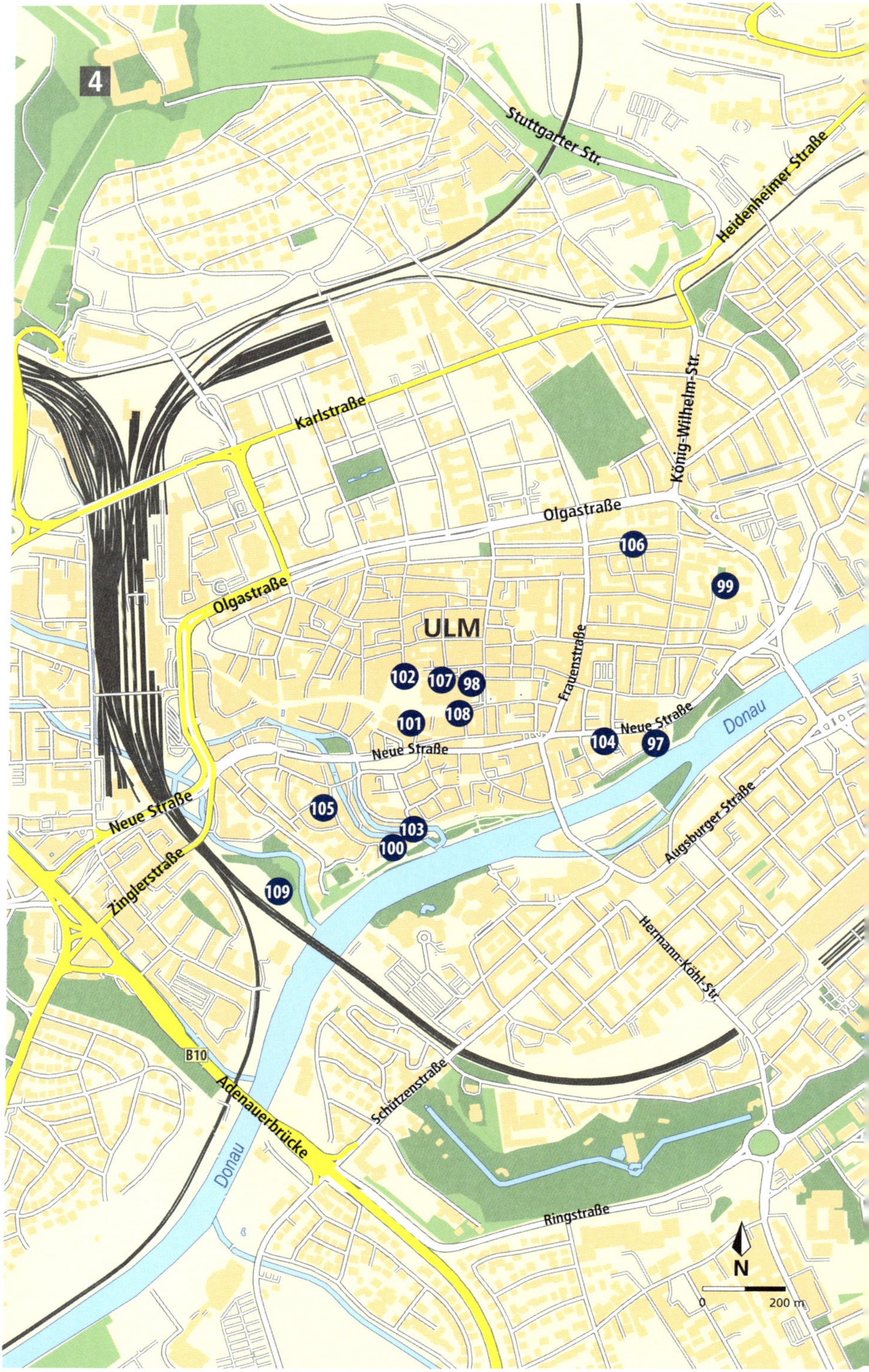
4
Stuttgarter Str.
Heidenheimer Straße
Karlstraße
König-Wilhelm-Str.
Olgastraße
Olgastraße
106
99
ULM
Frauenstraße
102
107
98
108
101
Neue Straße
104
97
Neue Straße
Donau
Neue Straße
105
103
100
Augsburger Straße
Zinglerstraße
109
Hermann-Köhl-Str.
B10
Adenauerbrücke
Schützenstraße
Donau
Ringstraße
N
0
200 m

Rüdiger Liedtke
111 Orte auf Mallorca, die man gesehen haben muss
ISBN 978-3-89705-975-7

Susanne Thiel
111 Orte in Madrid, die man gesehen haben muss
ISBN 978-3-95451-118-1

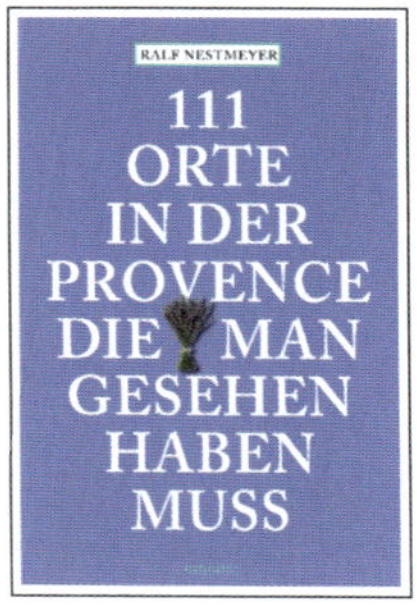

Ralf Nestmeyer
111 Orte in der Provence, die man gesehen haben muss
ISBN 978-3-95451-094-8

Peter Eickhoff
111 Orte in Wien, die man gesehen haben muss
ISBN 978-3-89705-969-6

Stefan Spath
111 Orte in Salzburg, die man gesehen haben muss
ISBN 978-3-95451-114-3

Regine Zweifel
111 Orte in Paris, die man gesehen haben muss
ISBN 978-3-89705-823-1

Dirk Engelhardt
111 in Barcelona, die man gesehen haben muss
ISBN 978-3-95451-066-5

John Sykes
111 Orte in London, die man gesehen haben muss
ISBN 978-3-95451-117-4

Annett Klingner
111 Orte in Rom, die man gesehen haben muss
ISBN 978-3-95451-219-5

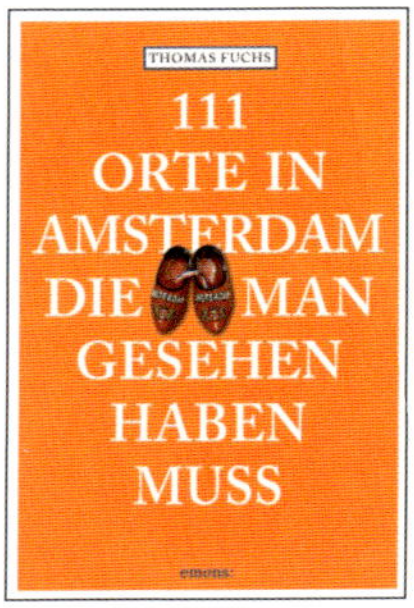

Thomas Fuchs
111 Orte in Amsterdam, die man gesehen haben muss
ISBN 978-3-95451-209-6

Stefan Spath, Gerald Polzer
111 Orte im Salzkammergut, die man gesehen haben muss
ISBN 978-3-95451-231-7

Christiane Bröcker, Babette Schröder
111 Orte in Stockholm, die man gesehen haben muss
ISBN 978-3-95451-203-4

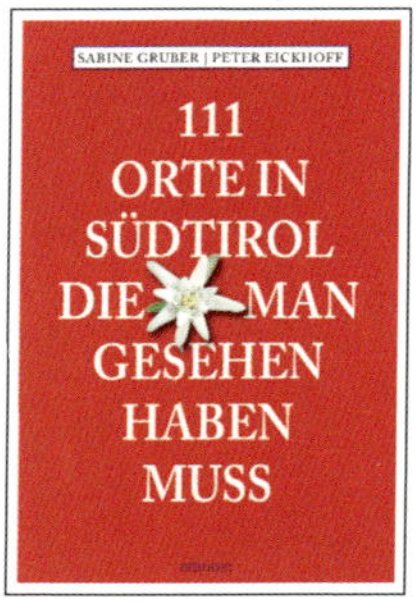

Sabine Gruber, Peter Eickhoff
111 Orte in Südtirol, die man gesehen haben muss
ISBN 978-3-95451-318-5

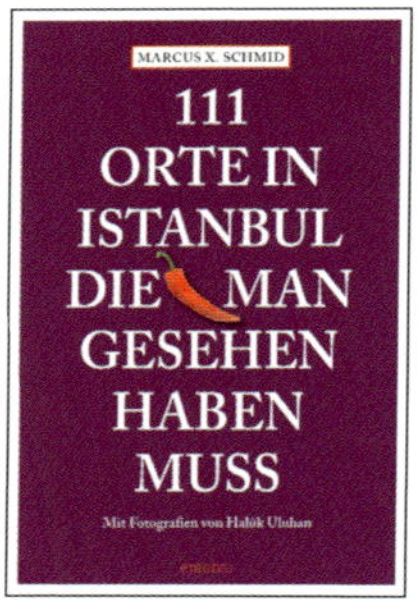

Marcus X. Schmid
111 Orte in Istanbul, die man gesehen haben muss
ISBN 978-3-95451-333-8

Gerd Wolfgang Sievers
111 Orte in Venedig, die man gesehen haben muss
ISBN 978-3-95451-352-9

Rüdiger Liedtke, Laszlo Trankovits
111 Orte in Kapstadt, die man gesehen haben muss
ISBN 978-3-95451-456-4

Eckhard Heck
111 Orte in Maastricht, die man gesehen haben muss
ISBN 978-3-95451-368-0

Petra Sophia Zimmermann
111 Orte am Gardasee und in Verona, die man gesehen haben muss
ISBN 978-3-95451-344-4

Lucia Jay von Seldeneck, Carolin Huder, Verena Eidel
111 Orte in Berlin, die man gesehen haben muss
ISBN 978-3-89705-853-8

Bernd Imgrund
111 Kölner Orte, die man gesehen haben muss
Band 1
ISBN 978-3-89705-618-3

Lucia Jay von Seldeneck, Carolin Huder, Verena Eidel
111 Orte in Berlin, die Geschichte erzählen
ISBN 978-3-95451-039-9

Rike Wolf
111 Orte in Hamburg, die man gesehen haben muss
ISBN 978-3-89705-916-0

Gabriele Kalmbach
111 Orte in Stuttgart, die man gesehen haben muss
ISBN 978-3-95451-004-7

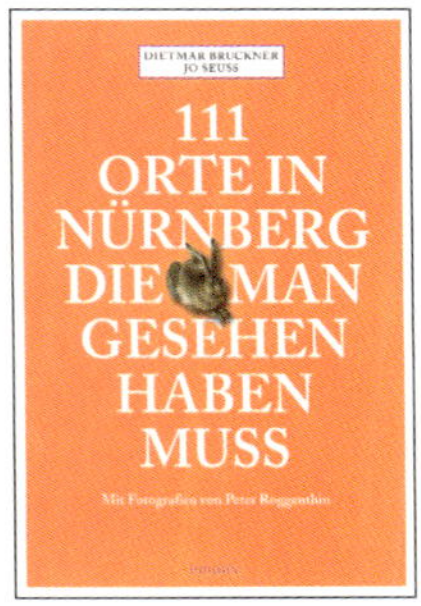

Dietmar Bruckner, Jo Seuß
111 Orte in Nürnberg, die man gesehen haben muss
ISBN 978-3-95451-042-9

Rüdiger Liedtke
111 Orte in München, die man gesehen haben muss
ISBN 978-3-89705-892-7

Rike Wolf, Tom Wolf
111 Orte in Frankfurt, die man gesehen haben muss
ISBN 978-3-95451-342-0

Peter Eickhoff
111 Düsseldorfer Orte, die man gesehen haben muss
ISBN 978-3-89705-699-2

Der Autor

Erwin Ulmer, Jahrgang 1949, kam aus beruflichen Gründen 1973 nach Tuttlingen an der Donau und ist seitdem begeistert von der Schönheit und Vielfalt des Donautals. Er war zwei Jahrzehnte Fortbildner für Landes und Heimatkunde und hielt zahlreiche Vorträge zur Geschichte, Geografie und Wirtschaft der jungen Donau. In mehreren Büchern und auf dem Bildungsserver des Landes Baden-Württemberg erschienen von ihm Beiträge über die Region Schwarzwald-Baar-Heuberg.